山川换古今——蓝瑛家族的故事

山川换古今

蓝瑛家族的故事

邵彦 著

主编 余辉

故宫出版社

图书在版编目（CIP）数据

山川换古今：蓝瑛家族的故事 / 邵彦著. — 北京：故宫出版社，2017.12

（百年艺术家族 / 余辉主编）

ISBN 978-7-5134-1089-2

Ⅰ. ①山… Ⅱ. ①邵… Ⅲ. ①蓝瑛－家族－历史 Ⅳ. ①K825.72

中国版本图书馆CIP数据核字(2018)第001152号

山川换古今 蓝瑛家族的故事

著　　者：邵　彦

主　　编：余　辉

出 版 人：王亚民

责任编辑：姜润青

装帧设计：赵　谦

责任印制：常晓辉　顾从辉

出版发行：故宫出版社

　　　　　地址：北京市东城区景山前街4号　邮编：100009

　　　　　电话：010—85007800　010—85007817

　　　　　邮箱：ggcb@culturefc.cn

印　　刷：北京雅昌艺术印刷有限公司

开　　本：787毫米×1092毫米　1/16

印　　张：13

字　　数：65千字

版　　次：2018年8月第1版第1次印刷

印　　数：1-3,000册

书　　号：ISBN 978-7-5134-1089-2

定　　价：76.00元

目录

壹　引子

弘光元年（清顺治二年，1145）乙酉三月，清军陈兵江北，南京城风雨飘摇。南京旧院媚香楼迎来了一位特殊的访客——侯朝宗。他由杨龙友牵线与媚香楼名妓李香君结婚，不久又因遭权奸马士英、阮大铖一伙迫害而远遁，现在趁乱潜回南京寻访李香君，来到当初结缡之所媚香楼。不意早已人去楼空，一片破败，只有一位钱塘画师蓝田叔，通过杨文骢的介绍寄居在此。侯方域手持定情诗扇，看着上面香君溅上的血迹，血迹上杨龙友点染而成的桃花，不禁潸然泪下。蓝瑛好言安慰，请他观赏自己作的山水画，以宽心胸。侯方域看着蓝瑛画中桃源仙境般宁静的境界，对照现实中的乱世，不由感慨系之，在蓝瑛的画上题诗一首：

原是看花洞里人，重来那得便迷津。

渔郎诳指空山路，留取桃源自避秦。[1]

“避秦”只是一厢情愿，战火卷地而来，淹没了一切……

是年七月，清军已经占领南京，捕获弘光帝，弘光朝廷覆灭。南京城外栖霞山上的白云庵中，蓝田叔已经皈依道士张瑶星门下，正在做一场巡坛法会。神坛上立着三块牌位：中间是“故明思宗烈皇帝之位”，左右分别是“故明甲申殉难文臣之位”和“故明甲申殉难武臣之位”。法曲仙音，香烟缭绕，张瑶星献酒下拜。这时侯朝宗也来到白云庵，找到了先前由蓝田叔领上栖霞山的李香君。一对苦命眷侣正要重圆，却被张瑶星以家国大义当头棒喝，遂决然舍弃儿女私情，双双入道。

这是孔尚任名剧《桃花扇》中《题画》《入道》两折的情节，不过大多是艺术虚构。蓝田叔就是本书主人公蓝瑛。他在南明弘光政权建立前后确曾寓居南京、扬州，与杨龙友（文骢）、侯朝宗（方域）、张瑶星（怡）等人交游，但从未出家。他在南京失陷前夕已经回到杭州，在城外的山庄住宅里躲避战乱，并继续作画卖画。

清军南下时在扬州、嘉定、昆山、常熟都进行过残酷的屠城，晚明绘画中心松江和苏州因此遭到沉重打击，人口剧减，经济凋敝。献城投降的南京和杭州的经济文化环境却得到了较好的保存和恢复。于是，明末以松江为主、苏州为辅的画坛格局在清初三四十年间一变而为南京为主、杭州为辅的新格局。南京吸引了一大批职业画家和文人画家前来卖画为生，杭州则终于从吴派的阴影下独立出来，形成了一个以蓝瑛为首的地方画派，后人称为“武林派”。和政治氛围诡异的南京不同，杭州虽然离南明抗清势力的活动区域更近，却显得相当平静，歌管楼台，升平余乐，很快仿佛恢复了宋室南渡后的繁华景象，艺术市场也迅速发展起来。诗人黄任所描述的康熙后期情景，也可以约略反映康熙前期杭州的状况：

珍重游人入画图，楼台绣错与茵铺。
宋家万里中原土，博得钱塘十顷湖。

画罗纨扇总如云，细草新泥簇蝶裙。
孤愤何关儿女事，踏青争上岳王坟。[2]

蓝瑛本非明朝官员，也算不上守节遗民，只是一个获得特殊历史机遇的画家，在明末清初的地方画派之林为杭州赢得了一席之地。在他的画中，只能看到个人风格的变化，并没有留下那个江山易主、天崩地解的时代印痕，也许这就是侯方域所梦想的“留取桃源自避秦”吧。当然，蓝瑛晚年的别号“蝶叟”“蝶道人”反映的绝不是“细草新泥簇蝶裙”的清新婉约，而是身经巨变后对人生如梦的感慨。

[1] 清孔尚任：《桃花扇》，王季思等注本，人民文学出版社，1959年，页186。
[2]《西湖杂诗》十四首其一、其九，黄任：《秋江集》卷二，页3—4，《四库全书存目丛书·集部二六二》影印吉林大学图书馆藏清乾隆刻本，页778—779，齐鲁书社，1997年。

贰　蓝瑛的家世与生平

一、蓝氏的起源

蓝瑛（1585—1664/1666），字田叔，号西湖外史、蝶叟、石头陀等，钱塘（今浙江杭州）人，晚年家居杭州城东，斋号“城曲茆（茅）堂”。

蓝氏是一个历史悠久而分布广泛的小姓氏，起源于北方，出于贵族封地名称，一说春秋后期楚公子亹（音“伟”）封于蓝（故地在今湖北省荆门县东），谓之蓝尹；[1]另一说战国梁惠王三年（前367）以秦子向为蓝君（封邑在今陕西省蓝田县）。[2]唐代，蓝氏后裔开始向南方迁移，传说“八仙”中的蓝采和之父出仕江苏上元县（今南京），遂定居于此。唐末战乱中，蓝姓一支迁居安徽定远，明代开国功臣蓝玉（？—1393）即属此支。南宋末到元初，江苏部分蓝姓子孙流徙到东南沿海的福建、广东及台湾，元末明初诗人蓝仁（1315—1385后）和蓝智兄弟二人为福建崇安（今属武夷山市）人。清嘉庆十九年进士中有一人亦名蓝瑛，即福建崇安人。[3]明初由山西向外大量移民，清初大举移民入川，晚清允许汉人移民“龙兴之地”东北，几乎每一次大规模的移民浪潮中都不乏蓝氏子孙的身影。历史上还有不少畲族和回族人也采用了汉姓“蓝”。蓝姓在宋代“百家姓”中排名第131位，在21世纪初的中国姓氏中按人口数排名第260位，人口20余万，仅占汉族人口的0.014%，但分布之广在同等人口规模的姓氏中恐怕无出其右。[4]

“蓝”字本意指菘蓝和蓼蓝两种植物，它们的叶子可以提取靛青色染料，种植和应用很广。蓝姓子孙也具有像蓝草一样的生命力，虽然不会漫山遍野，却能不择水土，随遇而安。蓝瑛正是这样一个富有生存能力的人。他出身平民，并无世家大族势力为倚靠，却凭借自己过人的绘画才华和勤奋努力，不断寻找发展机会，不但本人成长为第一流的大画家，还开宗立派，为长期笼罩在吴派阴影下的浙江画坛打开一片新天地。

二、蓝瑛的生平

蓝瑛于明神宗万历十三年（1585）生于杭州，卒于清圣祖康熙三年或

[1] 参阅王相笺注《百家姓考略》，北京：中国书店影印，1991年，页46—47。

[2]《古本竹书纪年》与《今本竹书纪年》将“秦子向命为蓝君”事分别列于梁惠成王三年（前367）和周显王元年（前368），参阅清朱右曾辑、王国维撰并校补、黄永年校点《古本竹书纪年辑校·今本竹书纪年疏证》，辽宁教育出版社，1997年，页26、页119。此据《古本》梁惠王三年说。

[3] 见朱保炯、谢沛霖编《明清进士题名碑录索引》，上海古籍出版社，1980年，页1417。

[4] 参阅《中国人口和计划生育年鉴（2010年）》，中国人口和计划生育年鉴社，2010年。

五年（1664或1666），享年八十或八十二岁。[5]关于其先辈或师承，已经找不到任何历史痕迹。杭州蓝氏一支不但人数很少，而且从未出过进士。蓝瑛后来成为名画家，父子两代都与文人士大夫有交往，但未见有重修祖茔、撰碑书志之类行为，这也证明其家世相当寒微。他可能出身于职业画工家庭，或自幼做工艺学徒谋生，具有过人的绘画天赋。八九岁时，身为童仆做“厅事”的蓝瑛就在执役的厅堂上“蘸灰画地，作山川云物，林峦峰麓，咫尺万里”[6]。他早年用过“郭民”“外民”之类的署款，“郭”是指外城墙，似乎透露出他的家族迁入杭州的历史并不很久，可能因家境贫穷，只能居住在偏远的外城，更由于没有什么根基和依靠，心理上认为自己仍然是“外来人口”而非本地土著。杭州是座移民城市，人口来源复杂，宗族势力不像苏州、绍兴那样庞大而盘根错节。但它作为苏州以外的又一工商业中心，经济发达，社会风气奢侈，家境贫寒的外来户要获得归属感也不容易。蓝瑛青年时期就离开杭州，前往松江寻求发展，看来他早年在杭州的境遇不会太好。

改变蓝瑛生活的外部契机可能就是明末画坛引领风气的人物董其昌（1555—1636，字玄宰，号思白，松江华亭人）。他一生曾经十八次经过或特意前往杭州。万历三十二年（1604），董其昌在五月、六月、八月三次游杭州西湖，[7]大概就是在其中的某次，二十岁的蓝瑛遇到了五十岁的董其昌。这时的蓝瑛可能已经是一位青年画家，这是他得以拜见大官僚董其昌的缘由。他只是董氏在杭州见过的许多人中的一个，年资地位都很低下，这次见面在董其昌的生活中自然只是过眼云烟，但在蓝瑛心中却埋下了去往松江、追随大师名流的愿望。[8]万历三十四年（1606）秋，董其昌从湖广提学副使任上辞官回到松江。次年春夏之间，二十三岁的蓝瑛便来到松江，迈出了他人生至关重要的一步。很可能正是通过董其昌介绍，蓝瑛投入有孟尝养士之风的孙克弘门下。

孙克弘（1533—1611）字允执，号雪居，华亭人。父孙承恩（1485—1565），嘉靖中官至礼部尚书、太子少保，善画美人，卒谥文简。孙克弘以荫入官，曾官汉阳太守，隆庆五年（1571），在首辅高拱（1513—1578）与其前任、华亭人徐阶（1503—1583）的政治斗争中受波及，免官归里，从此无意仕进，以治园、收藏、宴客、作画的风雅生活自娱。他为人慷慨好客，挟一长技者都可以得到接纳和金钱报酬。人们把他视为战国时期的魏公子安陵君，把他的东郊精舍视为唐代王维的辋川别业。[9]蓝瑛就是这众多门客当中的一员，他在孙克弘家居住，还认识了陈继儒等名流乡绅，观赏他们收藏的法书名画，并为他们作画，时间一直持续到四年后孙克弘去世。

蓝瑛在松江有不少机会与当地画家合作作画。蓝瑛现存最早的作品就是万历三十五年（1607）夏为孙克弘所作《朱竹图》（上海博物馆藏），与孙克弘、张忠、孙枝所画的竹石接裱为一卷。孙克弘能画花鸟竹石，取

［5］蓝瑛卒年一作约1666，谢巍《中国画学著作考录》“增广图绘宝鉴八卷”条则作康熙八年至十年（1669—1671）间，上海书画出版社，1998年，页432。

［6］见康熙《钱塘县志》（康熙五十七年刊本）卷二六，页一二下。“厅事”指官署视事问案的厅堂，也可泛指富贵人家宅中的厅堂，蓝瑛在此“厅事”当是为仆役，而非画壁画。

［7］参阅任道斌：《董其昌与杭州》，《新美术》2006年第1期，页68。

［8］蓝瑛二十九岁所作《溪山秋色图》卷（天津博物馆藏）后有董其昌两跋，第二跋提到与蓝瑛已相识十年，上推他们的相识时间应在蓝瑛二十岁时，见劳继雄：《董其昌与蓝瑛》，《鉴画随笔》，上海古籍出版社，2006年，页28—29；2019年1月李凯先生在上海博物馆“丹青宝筏：董其昌书画艺术国际研讨会”上报告《蓝瑛〈溪山秋山图〉卷初步研究》，指出陈继儒所题引首和董其昌第一跋应系真迹，或属后来移配，与本图无关，董第二跋系后人伪作。如此则无法证实蓝瑛二十岁时与董相识。但他在二十三岁赴松江入孙克弘门下，二十岁结识来杭的董其昌并获其赏识推荐，仍是一种合理的可能。

［9］清姜绍书：《无声诗史》卷三，孙克弘小传，见于安澜编《画史丛书》第三册，上海人民美术出版社，1963年，页54。

法周之冕的“勾花点叶派”，并上追沈周、陆治，有工笔和写意两种画风（图1、图2）他和周之冕的许多风格元素在蓝瑛的花鸟画中都有所体现。

松江生活给蓝瑛带来的最大益处是眼界的开阔，交往层次的提升。在孙克弘的身边，蓝瑛结识了许多文人名士和书画藏家，如姜绍书就在蓝瑛到达松江后不久来到孙克弘的敦复堂观看高克恭山水卷。[10]姜绍书字二酉，号晏如居士，江苏丹阳人，崇祯末曾为南京工部郎，著有纪传体明代绘画史《无声诗史》及艺林笔记《韵石斋笔谈》。这次见面二十年后还被蓝瑛念念不忘，但姜绍书好像已经不记得了。[11]这个时期蓝瑛还曾到吴江（今属江苏，地处苏州、湖州之间）收藏家周敏仲家中观画。[12]

在松江对蓝瑛影响最为深远的人物还是董其昌。万历三十四年回乡以前，董其昌的艺术史观、鉴藏批评观已经基本形成，此后便是他一生中最长的一段乡居赋闲岁月。除了万历三十七年（1609）冬曾短暂出任福建副使，直到天启二年（1622）春应召北上赴京以前，他的大部分时间都在家以书画自娱，他的足迹也遍及杭州、嘉兴、无锡、苏州、镇江、吴兴等地。在这段乡居时光，他的艺术声誉达到顶峰，虽然万历四十四年（1616年）春发生“民抄董宦”事件，董宅被焚，藏品散失，董其昌如丧家之犬，避走他乡，但并没有影响他艺术鉴赏力和影响力的上升。[13]

蓝瑛在孙克弘门下时与董其昌就不乏交往机会，孙克弘去世后，他更是长期追随董其昌，大大提高了艺术眼界和交往层次。万历四十一年（1613），蓝瑛曾与董其昌、陈廉、吴振合作，在一幅纸上连画山水《芦乡杂画》卷（首都博物馆藏），[14]这对年方二十九岁的蓝瑛是很大的鼓励。董其昌为人热情好客，交游广泛，他在江南各地友人间游览观画时而会带上年轻的蓝瑛，如天启元年（1621）蓝瑛曾在董其昌老友、镇江收藏家张修羽家观赏倪瓒《狮子林图》卷，[15]而那年秋张修羽接待的主宾正是董其昌，蓝瑛应是随侍董其昌一同前往的。[16]在跟随董其昌行旅的舟中他有机会临习董的藏画，如赵令穰《荷乡清夏图》就临过两卷。[17]随着蓝瑛个人风格的成熟，对松江画家也产生了影响。蓝瑛四十九岁时与赵左合作过山水画《名山胜概记图》卷。[18]赵左《长林积雪图》轴（故宫博物院藏）大概也作于这一时期，除了呈现赵左自己的晚年风格，更见笔法粗健，点叶部分墨色干硬，接近蓝瑛四十多岁的画风。

董其昌的好友陈继儒（1558—1639）也是蓝瑛的重要提携者，[19]在董其昌去世以前，蓝瑛就追随陈继儒来往江南。崇祯元年（1628），七十一岁的陈继儒在杭州登门访问十九岁的黄宗羲（1610—1695），那年已经四十四岁的蓝瑛作为门生徒步跟随轿后，“天寒涕出，……即以袍袖拭之”[20]，可谓执礼至恭。崇祯十一年（1638），即陈继儒去世之前一

---

[10] 见蓝瑛《仿宋元山水》册（美国大都会艺术博物馆藏）自题。

[11] 见蓝瑛《仿宋元山水》册（美国大都会艺术博物馆藏）自题。

[12] 蓝瑛壬戌《仿古山水》册（台北故宫博物院藏）自题。周敏仲，张岱《家传·附传》记为周铭仲，书画收藏与项元汴等齐名。见张岱：《琅嬛文集》，云告点校本，岳麓书社，1985年，页169。

[13] 参阅任道斌：《董其昌系年》，北京：文物出版社，1988年，页94—191。

[14] 王小梅：《蓝瑛年表》，王小梅：《从书画鉴定角度看蓝瑛绘画风格之流变》附录，中央美术学院硕士学位论文，1996年，页1。

[15]《蓝瑛年表》，页2；蓝瑛《仿倪瓒狮子林图》卷自题（上海博物馆藏）。

[16]《董其昌系年》，页186。

[17] 见蓝瑛壬戌《仿古山水》册（台北故宫博物院藏）自题。

[18] 见颜娟英：《蓝瑛与仿古绘画》附录二，《蓝瑛作品年表》，台北故宫博物院，1980年，页95。

[19] 见康熙《钱塘县志》卷二六，页一二下。

[20] 见黄宗羲：《思旧录·陈继儒》，《黄宗羲全集》第一册，浙江古籍出版社，1985年，页340。

【图1】
孙克弘《玉堂芝兰图》轴
1585年　纸本设色
纵135.8厘米　横59厘米
故宫博物院藏

1

【图2】
孙克弘《寿石双清图》卷
纸本水墨
纵28厘米　横130.8厘米

年，八十一岁的陈继儒跋蓝瑛《仿黄公望山水图》卷（美国芝加哥大学博物馆藏，图3），给予了极高的评价，其后当时的一批士大夫和画家名流陆续在本幅上题跋，对蓝瑛都推许备至，几乎视为黄公望再世，这在蓝瑛作品中几乎是仅有的一个例子。[21]陈继儒的跋语说：

江山浑厚，草木华滋，此张伯雨题子久画。若见田叔先生此卷，略展尺许，便觉大痴翻身出世作怪。珍藏之，勿令穿厨（橱）飞去。

卷后还有众多题跋，则是蓝瑛经年累月，携带此卷走遍江南，向各地名家们求来的。范允临的跋描述了这年（1638）八月十六日，蓝瑛来向他求跋时的情形：

戊寅八月哉生魄，忽蓝田叔来访，以此画见示，一开卷不觉惊讶，子久何以有此巨卷，从何处得来？田叔笑不语。已而见眉道人题数语，乃知为田叔之笔，又复深讶。

这件作品至今尚存，作为蓝瑛的早期之作，笔法温润，不同于他成熟期的苍劲凌利，可谓深得黄公望神髓，因此获得了文人士大夫们的广泛认同。不过，陈继儒跋语称之为黄公望再世，可谓定下了赞赏的基调，范允临显然是附和陈继儒。陈继儒、范允临跋后即王思任长跋，可能也题于崇祯十一年。王思任（1572／1574？—1646），明末文学家，字季重，号谑庵、遂东，山阴人，万历四十七年进士。他在崇祯后期皆处于赋闲乡居状态，这段跋可能是王思任游历松江、杭州时题写的。蓝瑛另一位士大夫友人杨文骢（1596—1646，字龙友，贵州人，流寓南京，万历四十七年举人，与董其昌、李流芳等并称“画中九友”）的跋也写于这一年的松江。 杨文骢的亲戚马士英跋则是崇祯十五年五月在扬州写的：

壬午五月，晤田叔先生于邗上，观所藏法书名画，得未曾有后出此卷，幽峭高出，盛夏生寒。余素服膺子久，今见此作，小巫气索矣。

后人对蓝瑛与杨文骢、马士英的交往颇有讥议，其实崇祯末年的马士英正处于政治上的低谷，只能以鉴赏书画排遣积郁，蓝瑛并不可能预见他后来会成为弘光朝首辅。从马士英跋语可知，蓝瑛成名后，随着经济能力和交往层次的提高，自己收藏了不少书画精品，他能创作如此大量的仿古画，深得古人神髓并自出新意，与他的收藏活动是分不开的。

从蓝瑛画跋中记录的地点看，在董其昌去世前，他曾数次去嘉兴，还去过镇江，而他居住最久的地方还是松江与杭州。他还多次从杭州渡钱塘江去绍兴。万历四十二年、四十三年（1614、1615），蓝瑛、孙杕两次“百里渡江”赴诸暨陈洪绶家为陈母王氏祝寿和吊丧，后一次还为九年前去世的陈洪绶父亲陈于朝写挽诗，挽诗应当是陈于朝夫妇合葬的礼仪活动之一。从陈于朝《苎萝山稿》（北京大学图书馆藏）中收录的蓝瑛所写陈母祭文和陈父挽诗来看，他与早逝的陈于朝并不认识，但与少年陈洪绶已经结下了深挚的友谊。陈母去世时陈洪绶年仅十八岁，蓝瑛虽然欣赏他的绘画才华，但与他的友谊应当是基于与更大范围的绍兴文人、乡绅、收藏家圈子的交游，比如陈洪绶的岳家萧山来氏。

董其昌去世后，蓝瑛的行迹更加广泛，包括嘉兴、绍兴、镇江、扬州、吴兴等地。他在各地的活动内容大抵都是给富有赀财和地位的主顾当门客，为他们作画，同时也扩大眼界和交游。崇祯十一年夏季前后，蓝瑛

[21] 原作藏美国芝加哥大学博物馆，题跋文字著录于杨恩寿《眼福编》二集卷一五，页三六一四一，清光绪间杨氏坦园丛稿本，载徐娟主编:《中国历代书画艺术论著丛编》第6册，中国大百科全书出版社，1997年。

I

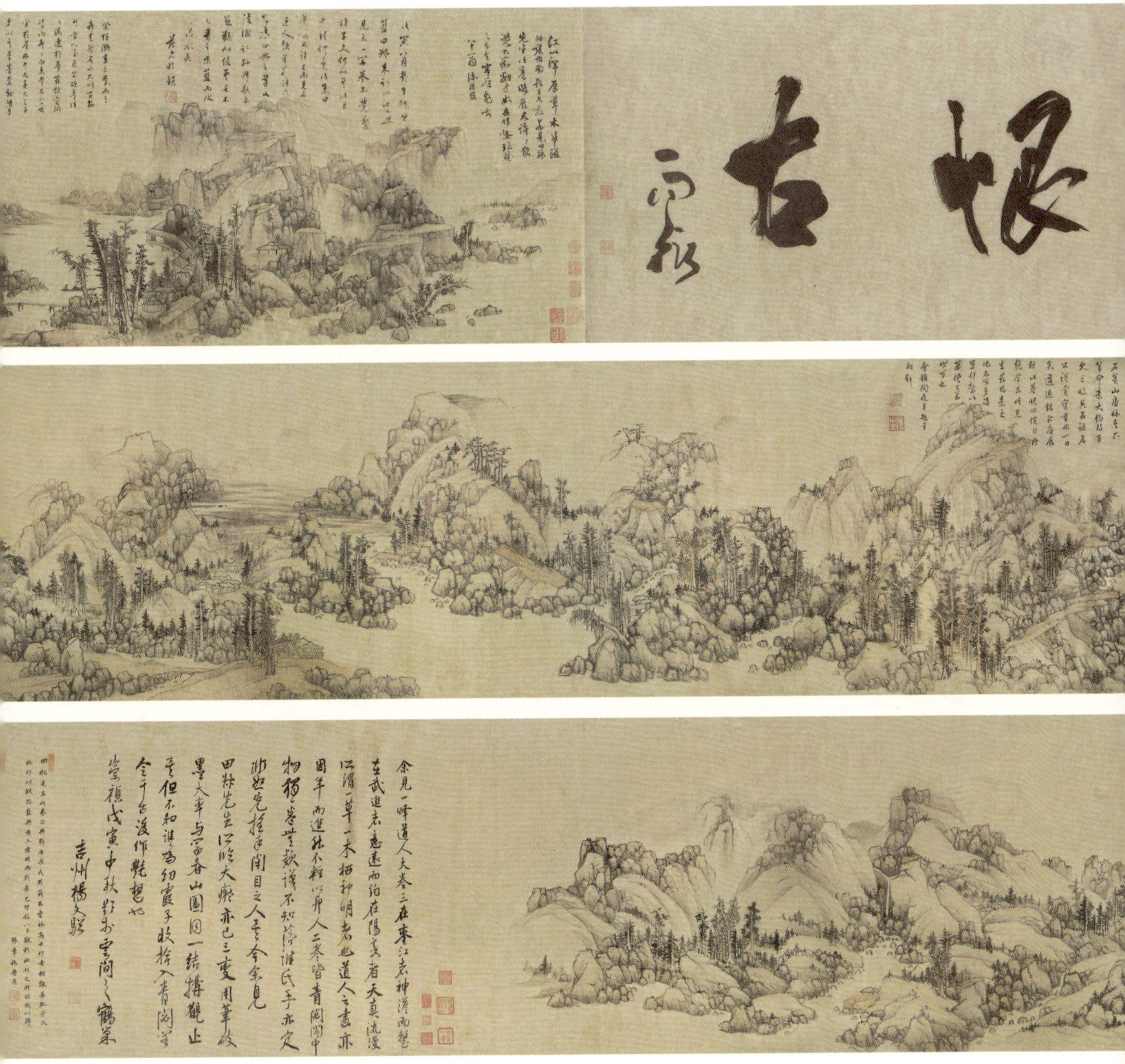

【图3】
蓝瑛《仿黄公望山水图》卷
1638年　绢本淡设色
纵30厘米　横535厘米
美国芝加哥大学博物馆藏

在嘉兴获观王维《长江飞雪图》卷，法其意作《山水图》轴（美国高居翰景元斋旧藏），这件作品反映了他通过旅行和交游获得学习传统的机会。

在苏南浙北活动，他最初的介绍人很可能就是孙克弘、董其昌、陈继儒这些松江大佬；杭州本地以及绍兴市场的开拓，则需要依靠浙江乡党的关系。蓝瑛有一件《行书五律诗》扇面（四川博物院藏），写在当时流行的金笺纸上，内容应景，诗风拘谨，很可能是他本人创作的，末署："汪然明宴集生翁老祖台并诸同社，即席请正。蓝瑛。"汪然明（1577—1655），名汝谦，歙县人，移居杭州，是明末清初杭州社交名人，号称"湖山主人"。[22]崇祯七年（1634）十月，张岱曾借汪氏的湖船"不系园"游西湖，在西湖定香桥遇到陈洪绶等八人，发生了一场著名的绘画戏曲雅会。[23]据汪汝谦《随喜庵集》记载，崇祯五年（1632）五月四日，蓝瑛参加了汪汝谦举办的西湖雅集，与会者包括吏部官员曹应秋、诗人徐天麟、贡生吴允焞、制墨师吴拭、盐运副使崔世召之子崔嵸、文人画家葛徵奇等。蓝瑛得以身处其中，与他参与了该年前后的一次西湖风景建筑修复工程有关。此次工程由韩敬（浙江吴兴人，万历三十八年状元）倡议，工毕后董其昌、陈继儒、李日华、韩敬等皆有题咏。蓝瑛负责修复湖心亭工程，可能就与他跟董其昌、陈继儒的密切交往相关。[24]

崇祯十三年和十六年，蓝瑛两次去绍兴，在绍兴士大夫和乡绅家里观画、作画，有可能经由约崇祯十一年给蓝瑛《仿黄公望山水图》卷写过画跋的王思任介绍，结识了绍兴文化界的领袖人物祁彪佳（1602—1645）。也是在崇祯十一年，蓝瑛就托友人捎画给祁彪佳，为祁母贺寿；崇祯十三年蓝瑛去往绍兴，正好祁母去世，他特地赶到梅墅祁家吊丧，六月又赠诗画给祁彪佳，祁彪佳为此专门写信致谢。[25]蓝瑛来到绍兴自然也少不了

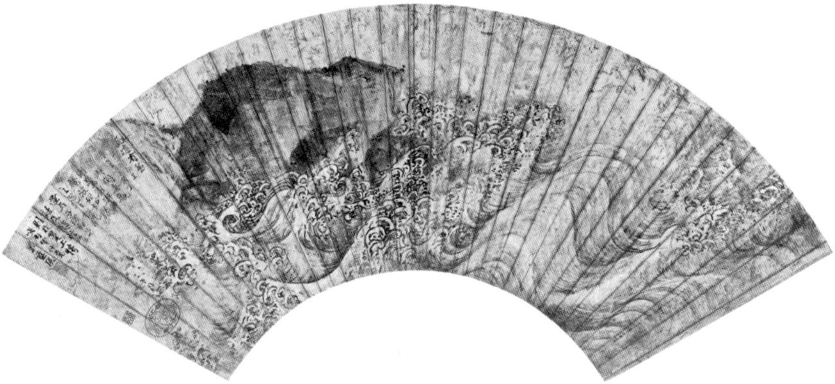

【图4】 蓝瑛《仿马远水图》扇页 1646年 金笺设色
纵16.3厘米 横51.6厘米 上海博物馆藏

到乡绅世家看画。崇祯十六年那次，他在王思任家见到马远《水图》，手临一本携归。三年后，作有《仿马远水图》扇面（图4）。王思任藏本应当和现存马远《水图十二段》（故宫博物院藏）一样包含多段画面，但不知是否为同一件，蓝瑛选临的一段与现存本“黄河逆流”一段较为接近。故宫藏本明末曾在苏州、松江一带流传，也不知蓝瑛是否曾经寓

[22] 汪汝谦:《西湖韵事》后附蒙叟撰《新安汪然明合葬墓志铭》，《武林掌故丛编》第一集，广陵书社影印清光绪丁氏嘉惠堂刻本，2008年，页11—14。
[23] 张岱:《陶庵梦忆》卷四，《不系园》，夏咸淳、程维荣校注本，上海古籍出版社，2001年，页58。
[24] 见胡启明:《蓝瑛与西湖雅集》，《中国文化报》2014年9月7日，第7版;《随喜庵集》，页10—11，《武林掌故丛编》第一集，广陵书社影印本，页125—126，2008年。
[25] 见赵素文:《祁彪佳研究》，下编《祁彪佳年谱》，浙江大学博士学位论文，2003年。

目，[26]但《仿马远水图》的底本来源于王思任藏品，至少说明蓝瑛在更广大的地域，拥有更多渠道来吸收传统养分。另有一件年份不详的《山水图》扇面（大英博物馆藏），上题“梅沙弥画法，于鉴湖舟中得观”，也说明蓝瑛在绍兴有机会看到古画。

崇祯十四年（1641），五十七岁的蓝瑛来到扬州，此后几年就多在扬州、南京一带活动，结识了不少文人士大夫。崇祯十五年初，他在扬州绘制山水册页分别赠送给姜绍书和方亨咸（分别藏美国纽约大都会艺术博物馆和芝加哥美术馆），皆为纸本画，水墨淡设色，画风秀润，富有文人画的意趣。方亨咸（？—1678后）字吉偶，号邵村，安徽桐城人，方以智从弟，其家为明代仕宦望族，但其父改节仕清，他本人亦于顺治四年（1647）成进士，官御史。与蓝瑛关系较为密切的南京本地士大夫是张瑶星，原名怡，一名遗，字瑶星，号薇庵，明都督张可大之子，以府学生承荫锦衣卫千户。明亡出家栖霞山白云庵为道士，著有《玉光剑气集》《谀闻续笔》，记明末时事甚详。[27]孔尚任《桃花扇·题画》中提到蓝瑛所画《桃源图》就是“大锦衣张瑶星先生，新修起松风阁，要裱做照屏的”，[28]全剧将近结尾，蓝瑛再度出现，已经跟从张瑶星一起，在栖霞山白云庵出家为道士，这自然是虚构。但孔尚任的写作素材有很多就来自晚年张瑶星的口述，剧中的描写当是弘光小朝廷覆灭前夕蓝瑛与张瑶星密切交往的真实写照。在明亡以前，张瑶星应该还是蓝瑛交接南京士大夫的重要中介。

明末最后几年蓝瑛已经有了不少积蓄，在杭州城东买地筑屋，称为“城曲茆（茅）堂”。茅堂地处城墙以外，荒僻幽深，傍小河，临寒塘，细雨霏微，黄叶堆门，一如蓝瑛画中的意境。这处宅园直到清中期还保存完好，清初文学家龚翔麟（1658—1733）、清中期陈文述（1771—1843）

都曾前往寻胜访古，写诗描述茅堂的幽美景色。陈文述的诗写道：

> 万壑千岩写不休，东皋细路抱城幽。
>
> 径飘落叶黄堆晚，门掩寒塘绿浸秋。
>
> 蝶梦旧寻微雨榭，燕梁空语夕阳楼。
>
> 章侯画派君家出，一穗疏红冷白鸥。[29]

蓝瑛在杭州城东的作画场所还有桑柘园，不知是不是城曲茆堂的一部分。他在杭州城西还有别的住所，如明亡前后都住在杭州城以西的西溪，其地也是林泉幽胜，多梵刹古迹，蓝瑛画中题署的地点有亦亦山斋、焉文山庄等；[30]晚年自署“石坞头陀”，“石坞”当指西湖西北方向留下镇山中的石人坞（又名石人岭），与西溪相距不远。在这些住宅中，蓝瑛画出了“万壑千岩”的大量作品。晚年的蓝瑛显然不是因贫穷而无力城居，从这些居住地点看，他爱好大自然，画室外的环境不但令人心情舒畅，也能为他的笔下带来不绝的灵感。

“天崩地解”的甲申年（1644），李自成攻占北京，崇祯帝自缢。那年蓝瑛正好六十岁。这一年画的《仿黄子久深山图》轴（上海博物馆藏）

---

[26]陈继儒（传）《妮古录》（成书于1592—1595年间）卷三记：“余所见王弇州马远水十二幅，极奇绝，冏伯携至余斋，孙汉阳借临之，又演为二十四幅。”见黄宾虹、邓实编：《美术丛书》第一册，江苏古籍出版社，1997年，页634。冏伯为王世贞长子王士骐字，万历十三年乡试解元，十七年（1589）登进士，授兵部主事，改礼部，不久就卷入建储之争，革职还乡。孙克弘曾借临王士骐携来的《水图》，《无声诗史》卷三孙克弘小传记其“晚年画马远水”当即指此，事在万历二十年（1592）左右。

[27]朱松山：《〈谡闻续笔〉作者考》引卓尔堪《明末四百家遗民诗小传》，《明清小说研究》1995年第4期，页253—254。按《续笔》之前则当有《初笔》。

[28]《桃花扇》，页186。

[29]陈文述：《西泠怀古集》（1831年初刊）卷一〇，页五，清丁丙编《武林掌故丛编》，光绪二十年刊本，第一五集，影印本第八册，台北：京华书局，1967年。

[30]上述斋馆号见于台北故宫博物院藏乙酉《画山水》册（二页）、己亥《画山水》轴自题。

自题“忽传陵园异伤，共有悲慨入山之盟”，表明他还是有家国之痛的。从弘光政权建立到覆灭前后这段时间，他频繁来往于杭州与南京（可能还有其他城市）之间，观察形势的变化。乙酉（1645）正月在杭州，作有《西溪雨霁图》卷（台北故宫博物院藏），[31]不久又去南京，并于城陷前夕离去。六月，潞王朱常淓在杭州监国，六天后投降。浙东士民奉明鲁王朱以海为监国，在杭州城外大败清军，此后在绍兴与清廷对峙十一个月。蓝瑛隐居的西溪似乎比较平静，最晚是年秋他已经回到西溪住处亦亦山斋，恢复了卖画为生的生活，十月作《画山水》册（台北故宫博物院藏），[32]冬日作《枯木竹石图》轴。[33]不过，从南京回来的路上他可能遇到过抢劫，他在十年后（1655）在一开丛菊竹石上题写：“梅沙弥复妙墨花，传世甚鲜。余得一卷，摹之数年，失于绿林。”[34]这件事最大的可能就是发生在从南京逃回杭州的战乱途中。

《仿马远水图》画于丙戌（1646）五月，正是清军渡钱塘江、攻占绍兴前夕，蓝瑛自题道“余□□（临仿？）归阁，每观则惊澎湃轰腾……坐松风堂与子□（琛？）社兄话及，随临一则于箑上博笑”。崇祯十六年蓝瑛在王思任家手临马远《水图》，三年来他经常拿出临本观赏，画上的惊涛骇浪，正如同动荡的时局和人们紧张的心情。这个时候再仿作《水图》，也暗示着蓝瑛对王思任和鲁监国政权命运的担忧。王思任在鲁监国时任礼部尚书，清军破绍兴，王思任不剃发，闭门大书“不降”，绝食而死。这一年，在南明隆武政权任闽浙总督的杨文骢率兵抗清，壮烈殉国，举家三十余口同时殉难。更多的蓝瑛友人则成了坚定的遗民，如张岱、陈洪绶等，这些对蓝瑛的内心深处不可能没有触动。等蓝瑛再一次去绍兴，已经晚至顺治十二年（1655，见《澄怀观道图》册自题），局势重归安定，仍是卖画谋生。

不过蓝瑛家族毕竟从未出过官宦，他本人一直卖画为生，无所谓行藏大节，与浙东不绝如缕的反清活动并无关联。他的创作题材与风格似乎也未受到明清易祚的明显影响，甚至有一些作品还题署清朝年号（如故宫博物院藏《白云红树图》轴自署“顺治戊戌”），显然不同于一般明遗民的不合作态度。他还与北方的仕清官员有来往，顺治十四年画的《卧云草堂图》，受画人就是出身直隶真定望族的清廷显宦、大收藏家梁清标（1620—1691）的堂兄梁清远（1606—1683），画上自题：“卧云草堂。丁酉重九前二日，黄门史焕翁属霖翁谷宪祖台命法赵令穰画，以合草堂卧云在岫，怡悦清旷，诗思逸怀，对景幽胜，上葵翁老先生辞宗玄粲。”可见是一位宦官通过地方州府官员，辗转请托而来，画家并未亲临其地，只是想象为之。[35]此图按照北人喜好，采用宋画风格，设色以汁绿为主

［31］自题“乙酉春王，小隐西溪梅坞”，见《晚明变形主义画家作品展》，页634，《五家年谱》1645年条引《澄怀堂书画录》卷四，页103。“春王”指代正月，见于《春秋》“鲁定公元年”“鲁隐公元年”等条，“春王正月”释义见《辞源》合订本，北京：商务印书馆，1997年，页768第三栏。

［32］自题“乙酉小春并题于亦亦山斋”，见《晚明变形主义画家作品展》，《五家年谱》1645年条。“小春”通常指夏历十月，见宋陈元靓《岁时广记》卷三七引《初学记》：“冬月之阳，万物归之。以其温暖如春，故谓之小春，亦云小阳春。”也有指夏历八月的。宋人赞宁《笋谱》：“大抵竹八月俗谓之小春。热欲去，寒欲来，气至而凉，故曰小春。”释义见《辞源》合订本，页479第四栏。

［33］自题“乙酉冬日画于西溪之亦亦山斋”，见《晚明变形主义画家作品展》，《五家年谱》1645年条引《澄怀堂书画录》卷四，页46。

［34］乙未（1655）作《仿古山水写生册》十四开之第十三开，台北故宫博物院藏。

［35］题跋中“黄门”指宦官，“祖台”指州府以上地方官，“葵翁”指梁清远，字迩之，号葵石，直隶真定（今河北石家庄正定区）人，顺治三年（1646）与兄清宽同为进士，加上在明崇祯十六年成进士、又出仕清廷的梁清标，时称“一门三进士”。历任刑部主事、吏部郎中、太常寺少卿、兵部督捕右侍郎、户部右侍郎、吏部左侍郎、光禄寺少卿、通政使司参议。后以病归里，著有《祓园集》《诗集》《文集》等。

调，辅以赭石和淡墨，真实感强，又清新明快，与后来王翚的“虞山派”设色习惯相近。

蓝瑛晚年定居杭州，以卖画授徒为生，也时时外出，但旅行目的地限行于附近的嘉兴、绍兴等地，主要意图当是卖画。其中最长的一次是在顺治七年（1650）夏季赴嘉兴知府李某处客居约一年有余，[36]不过，客居期间他也曾离开嘉兴，返回杭州或去附近其他城镇，如顺治七年初秋（七月）在杭州作《秋山水阁图》扇页（南京博物院藏），十一月，在桐庐作《山水》扇面（故宫博物院藏）。台北故宫博物院藏有一套《画花鸟册》十二开，作于顺治八年（1651）秋，画于“禾中郡署之后乐园”，当为嘉兴知府之宅园，上款为“隆翁老祖台”；台北兰千山馆藏《仿古（山水）册》八开，作于顺治八年春夏之交，上款亦为隆翁。这位隆翁或即东主李知府。此外蓝瑛在嘉兴还有不少机会售画予其他较高阶层人士。顺治七年仲夏（五月）“暑酷”之时在“禾城之瞻远楼”所画的《山水十二幅》（香港至乐楼藏）是其晚年杰构，画在与人等高的金笺纸上，丘壑结构细密，笔法沉稳，设色精美，装饰效果强烈，是年冬作《山水图》扇面（美国普林斯顿大学艺术博物馆藏）为“仲翁老祖台”祝寿，顺治八年秋作《松壑清泉图》和《嘉树晴云图》上款皆为“方翁老祖台”（皆为故宫博物院藏）。大概断断续续地在嘉兴待到顺治八年底，顺治十年（1653）他又曾去嘉兴居住过一段时间。顺治八年秋冬之际，他还曾在婺州（今浙江金华）宪署（御史衙署）观王镛（字仲和）藏董源《溪山雪霁图》卷，并在四年后的七月再次获观。王镛为王铎二弟，入清后曾任浙江金衢严右道参议。[37]绍兴则在顺治十二年、十四年、十七年三度到访。

早在崇祯晚期，蓝瑛在杭州结识了士大夫周世臣，他是师法过蓝瑛的画家中地位最高的一位。周世臣字颖侯，江苏宜兴人。明崇祯十三年（1640）进士，曾任太康县令、汉阳知府，因对官员铨选制度不满，得罪阁臣而罢归。他游杭州时受蓝瑛影响，对绘事产生了浓厚的兴趣，遍观江南名家收藏，学元人黄公望、王蒙风格的山水画，颇有韵致。崇祯末，周世臣起复为福建兴化府司理，与在老家守墓隐居的黄道周相识，他敬重黄道周的人品和学问，与黄道周吟咏唱和。不久明朝灭亡，周世臣对南明复国不抱希望，辗转回到家乡，隐居卖画为生，成为清初众多遗民画家中的一员。[38]

清初蓝瑛在杭州交往的文人则都是年轻后辈，如出身书画世家的秀才钱封、出身文学世家的回族诗人丁澎，他们诗画雅集，流连于湖山之间。[39]这也许可以反证蓝瑛在同辈文人中的社交并不成功，必须加上年资优势才能使他跻身文人圈子。

另一类交往对象就是文人化的职业画家，包括杭州画家孙杕、早年曾经向蓝瑛学过山水画的陈洪绶等。孙杕是杭州职业画家中的另一位重要人物，与蓝瑛有深厚的交谊，蓝瑛《仿黄公望山水图》卷（美国芝加哥大学博物馆藏）后就有孙杕的长跋。孙杕（？—1651/1652）字子周，一字漫

[36] 见《仿元各家山水图》卷自题（山东烟台市博物馆藏）。

[37] 见蓝瑛《澄怀观道图》册自题，故宫博物院藏；张升编著《王铎年谱》引《拟山园选集·王氏谱》和康熙《孟津县志》卷二《选举》，上海书画出版社，2007年，页19。

[38]《无声诗史》卷四，页七九。《图绘宝鉴续纂》卷二误作名世沛，字允侯，页一八。

[39]《图绘宝鉴续纂》卷二，页四〇，钱封小传。钱封字轶秦，号松崖，钱塘人，庠生，明末清初画家钱士璋子。丁澎（1622—1686），字飞涛，号药园，仁和（今浙江省杭州市）人，清初著名回族诗人，明代诗人丁鹤年之孙，与同乡吴百朋、陆圻、毛先舒等合称为“西泠十子”，顺治十二年进士，曾谪居奉天靖安，康熙时为礼部员外郎，与宋琬、施闰章等合称为“燕台七子”。

士，号竹痴，年龄可能与蓝瑛接近。[40]他去世前不久有一件《竹石水仙图》（东京国立博物馆藏），水仙为细腻的白描，大石却用笔粗劲，与蓝瑛笔法近似，显示出他受蓝瑛影响。二人合作过不少作品，如《双钩竹石图》（美国芝加哥大学博物馆藏）、《墨竹图》（香港大学冯平山博物馆藏）、《山水花鸟》六开册（广西壮族自治区博物馆藏），顺治五年腊月廿三（公历1649年2月4日，约当立春，是为阴历岁首）二人相聚小饮，聊作庆岁之欢，合作《梅花幽鸟》扇面，画风水乳相融，如同出自一手，由蓝瑛题字，孙杕未署名，以致曾被误认为蓝瑛一人的作品。[41]他们合作的《梅石图》后被刻于石碑，立于南宋德寿宫旧址、杭州佑圣观附近，因而形成了“梅花碑”的地名。[42]

中年蓝瑛在家乡杭州画坛已经声誉日隆，一般认为陈洪绶师从过蓝瑛，大约就是天启末年的事情。不过目前没有可靠作品证明陈洪绶学会了蓝瑛画风：陈洪绶三十岁那年画的《古木当秋图》扇（美国纽约大都会艺术博物馆藏）中明显具有蓝瑛的风格元素，但是这件作品并非真迹；他在明亡前不久画的《升庵簪花图》轴中的树石有着无比鲜明的蓝瑛特征，为陈氏其他作品中所未见，很可能是由蓝瑛本人补景的。陈洪绶在生命最后几年定居湖上，劫后余生，故旧凋零，他与蓝瑛的诗画酬唱也更多了，现存陈洪绶写给蓝瑛的诗有五首：

小园近日可邀君，手种梧桐已拂云。
半亩清阴吾所欲，一窗秋雨待君分。

闻君奇疾近来平，好友惭无馈药情。
此后当来修旧好，肯将薄道负平生。

问病灵峰学道宜，也须莲老一商之。
可怜染着声歌业，醉后缠头写柳枝。

吾画何求拙与工，君言不让古人风。
自思却自文章发，不在临摹金碧中。

乱山霞蔚画家师，谱入蓝田粉本宜。
乞与数峰悬小阁，不劳门外去寻诗。[43]

从第一首诗中的“小园”和“手种梧桐”来看或是陈洪绶晚年居绍兴时所作，后四首都是清初他第二次定居杭州时所写的，那时他僦居吴山火德庙，生活贫困，已无自己的“小园”，其中既有对蓝瑛大病后的问候，对蓝瑛傍妓作画状况的描述（看来蓝瑛虽已年老，偶尔也会和陈洪绶一样浸染声色，并用画去讨美人欢心），也有对自己绘画思想的阐发（绘画格调古拙，不靠临摹古画，而是文化修养的自然流露），有对蓝瑛画艺的欣赏和向蓝瑛求画的恳切。

作为职业画家的蓝瑛是成功的，他的艺术影响日益广泛，在杭州开创了一片迥异于苏州—松江画坛的新天地。苏南城市群遭到战乱破坏是其外

[40] 参阅周刃：《明末清初画家孙杕考》，《收藏家》2009年第7期，页48—52。
[41] 见《晚明变形主义画家作品展》图54说明，台北故宫博物院，1977年。
[42] 见周刃，前揭文；颜娟英：《蓝瑛与仿古绘画》，页7；清乾隆帝巡幸杭州时发现碑断梅枯，命内府重新摹刻，置于旧地，此碑至今犹存于杭州碑林，见杜正贤主编《杭州孔庙》“梅石碑”，西泠印社出版社，2008年，页287。
[43] 陈洪绶：《宝纶堂集》（清康熙四十四年刊本，南开大学藏）卷九，页二六下、五五下（二首）、七六上、八七下，诗题皆为《寄蓝田叔》。

因，而蓝瑛独特鲜明的个人风格是其内因。蓝瑛自己能画人物，但极少染指，只是通过补景的方式与人物画家合作，把浙江画坛上较为活跃的人物画家团结在自己周围。这些画家包括陈洪绶、谢彬、徐泰等。传承蓝瑛画风的家族成员有子蓝孟，孙蓝深、蓝涛，族孙蓝洄等，加上弟子、再传弟子和受其影响的江南画家，如刘度、冯湜、王奂等，阵容颇盛，时有“武林派”之称（武林为杭州别称）。[44]同时及稍晚的许多外地画家，如金陵画家张风（蓝瑛好友张怡之弟），扬州山水界画家萧晨、李寅及人物画家禹之鼎等，也都受过蓝瑛的影响。清中期以来，不少学者将蓝瑛归为“浙派”[45]，称为“浙派后劲”[46]、“浙派殿军”[47]，以戴进、吴伟、蓝瑛为浙派三大家，[48]但从蓝瑛的艺术渊源与风格发展上看，他与吴门和松江画坛的关系要比杭州本地的浙派传统更为密切，毋宁称之为松江外围。武林派与松江派的关系，正如吴伟的江夏派与浙派的关系，是支系与主干的关系。

纵观蓝瑛的大半生，青年离乡，在外流寓奔波二十多年，饱览名胜，交接名流，创作内容日益丰富，风格逐渐完善，也有了一定的社会地位和声誉。他的艺术成长是以松江为中心、在苏南—浙北的大地域当中完成的。他虽然和刘松年、戴进一样是杭州人，却不是浙派传统孕育出来的传人，而是吴派传统延伸到浙江的一个特例。如果他和湖州人宋旭一样客居松江，也就会一直作为松江派的一员。但他的雄心显然不止于此，因而活动范围更大，加上明清易鼎的时势变化，使他回到了相对安全的杭州定居，并与浙江本地绘画传统重新结合起来，形成一种新的地方画风。

再观察蓝瑛一生的行迹，可以认为他是以画艺奔走和趋近市场。虽然古人旅行的目的除了任职公干，无外乎处理家庭事务、维持社会交往、满足当地顾客的订件需求等，但蓝瑛的旅行目的显然既不同于吴门文人画家的“雅游”，也不同于董其昌的“宦游”，乃至部分商贾的“商旅”，而是比较接近于陈继儒的移动社交—谋生模式，或许可以称之为“雅商”。

[44] 见沈宗骞：《芥舟学画编》卷一，《山水·宗派》，见于安澜编《画论丛刊》上册，页三二五，人民美术出版社，1960年。

[45] 张庚：《国朝画徵录》卷上，页一二，蓝瑛、蓝涛小传云“画之有浙派，始自戴进，至蓝（瑛）为极，故识者不贵”。见《画史丛书》第三册。

[46] [日] 大村西崖：《中国美术史》（1901年初刊，1926年陈彬和译，1928年商务印书馆出版），第十七章·清，页847；[日] 中村不折：《中国绘画史》（1936年郭虚中译，1937年正中书局出版），近世期·第二章·清代的绘画，页485；陈师曾：《中国绘画史》（1925年翰墨缘美术院出版，此书系据中村不折之著作编译），近世史·第二章·清朝之绘画，页69。以上版本皆见陈辅国主编《诸家中国美术史著选汇》，吉林美术出版社，1992年。

[47] 俞剑华：《中国绘画史》下册，上海：商务印书馆，1937年，页78。

[48] 俞剑华：《中国绘画史》下册，页75。

叁　蓝瑛的艺术

一、风格特征、渊源与创作分期

1．山水画风的基本特点

蓝瑛的山水画风格体现为构图宏大、空间进深明显，丘壑造型繁复多变，笔法苍劲，皴线刚硬，墨法偏浓而干，山体结实富有体量感，尤其长于表现枯老的树木，使观者第一眼就获得深刻印象。

在“丘壑”（即造型、空间等）因素上，蓝瑛表现出迥异于时人的特色。他不但是晚明山水画家中最能得宋画神髓的人，就是与明初戴进，明中期周臣、唐寅相比，也不遑多让。他大部分作品中体现出近似宋画的雄健审美特性、构图的完整性、空间的进深感、笔墨的细腻表现力，与画境平淡甚至平庸、纯粹玩弄笔墨的“文人画”判若云泥。虽然他见到宋代山水画原作的机会不如吴门、松江和南京的许多文人士大夫多，但通过中年以前趋近吴派活动地域和群体，他还是得到了宋画法乳。更主要的是，通过他非凡的造型和空间想象力，他把握住了宋画的立体感、体量感和空间感，并且通过自己熟练而变化丰富的用笔表达出来。蓝瑛虽然深受董其昌影响，但在画风上一直与董的平面化、符号化有别，只是在晚年的部分作品中，出现了平面化、符号化的倾向，但仍然以结实的丘壑结构作支撑，仍然能给人以“可观可游可居”的视幻效果。这也就是把蓝瑛放进“晚明变形主义”阵容显得相当勉强的原因。

他由临古入手，由吴门周臣—唐寅一路风格上溯李唐在南北宋之交的风格，以及北宋李成画风，由沈周风格上溯元代吴镇，又在董其昌等人影响下，学习黄公望和董源，兼及赵孟頫。他早期的仿古画风细腻秀雅，还没有熔铸为自家面目，但已经善于经营宏大的画面与繁复的丘壑。到中年逐渐形成了自己的风格，并在晚年完全成熟，笔法苍劲雄奇，好用短而碎的侧锋笔法，山体轮廓线富有动势，甚至具有躁动感，并且发展了早年的构图与造型特征，采用景物在画面上纵长成列的构图，甚至有不少丈二匹的超大画面，画面空间趋于平面化，山体结构趋于几何化。

按设色技法，蓝瑛的山水画可分为纯水墨、浅绛（主要使用赭石、花青两种颜料，首见于元代黄公望的作品）、淡青绿（以水墨画法运用青绿石色的新技法，也源出于黄公望）、重青绿（晚明画家新创的着色技法，以水墨画法为基础，加上饱和浓重的青绿设色）四种。其中纯水墨很少而设色者多，这个特征也接近于吴门而迥异于浙派。

蓝瑛的笔墨具有刚猛尖利的特点，颇为人诟病。究其原因，他试图将纸上干笔技法移用到绢上，但是绢的性质使得干笔勾皴与淡墨湿染经常脱节，效果既失去了从吴镇到明代前中期“院体”“浙派”画家们的湿润淋漓，又没有达到文人画的温和内敛。明末兴起的纸上湿画法，蓝瑛似乎没有很好掌握，偶见应用，也只是用较湿的笔勾皴而已，辅助的擦法几乎未见使用，因画的遍数少、完成快而显得单薄。总体上看，用水法是他的“短板”，因而设色成了他的主要藏拙办法，不是浅绛就是淡青绿，乃至重青绿，很少纯用水墨。

2．山水画的艺术渊源

蓝瑛的山水画很早就走上了元代文人画道路。杭州既是戴进的故乡，也是黄公望的活动中心，这两大传派对明代杭州画坛都有深远的影响，只是由于浙江东部和南部（宁波和温州）的南宋院体余绪进入了明代宫廷，使得杭州的戴进画派更为引人注目。另外，吴门画派尤其是沈周的风格，因为与浙江北部的吴镇画风和南宋院体余绪的天然血缘关系，也在杭州画坛流行。

蓝瑛现存最早的作品是万历三十五年（1607）夏为孙克弘所作《朱竹图》卷（图5），与孙克弘、张忠、孙枝画的竹石接裱成一卷，[1]蓝瑛所绘一段就采用沈周、吴镇的风格。他早年所受的影响主要不是来自杭州本地，而是来自江浙交界地区的嘉兴、湖州。对他产生较大影响的万历时期画家有关思、宋旭等人。

关思是吴兴（今湖州）人，可能曾寓居北京，有不少作品流传在北京，但江南尤其是杭州一带流传的关思作品也不少。[2]他作品丰富，构图宏伟，技能全面，具有北宋风范。他宗法关仝、荆浩和黄公望、王蒙，也深受文徵明的影响，仍然笼罩在吴门派的流风之下（图6）。蓝瑛可能未及亲炙于关思，但他画风全面、构图宏大，能吸收北派山水，融于元代文人画风格中，这是很得关思神韵的，相信他观摩过的关思作品不少，受关思

【图5】 孙克弘、张忠、蓝瑛等《朱竹图》卷（局部） 1607年 纸本设色 纵20.9厘米 横416.7厘米 上海博物馆藏

影响很深。他晚年还曾与关思的弟子姜师周合作作画。[3]

宋旭（1525—1606）号石门，浙江嘉兴人（一说湖州人），居松江。山水师沈周，重写实而强调其苍劲，但乏其圆润浑厚，显得更为外露而单薄，能作巨幅大幛，颇有气势；此外还兼长人物，曾于白雀寺画壁，具有职业画家的技能。他的传派时称“苏松派”，实为吴门派的支流。蓝瑛到

[1] 此卷最后一段竹石与楷书长题是乙酉（1645）无锡画家许仪所加，当时该卷已由松江顾元庆手转归无锡祝宗皋。

[2] 关思小传见徐沁《明画录》卷五，页五九；《无声诗史》卷七，页一二六；俱见《画史丛书》第三册。

[3] 康熙《钱塘县志》卷二〇，页一二下。

【图6】
关思《云壑松泉图》轴
1627年　绢本设色
纵167厘米　横57.5厘米
浙江省博物馆藏

松江后，尚及与垂暮之年的宋旭见面，又得寓目宋旭的大量作品。蓝瑛取法沈周、好作巨幅大幛，这两个特点都来自宋旭。

蓝瑛来到松江时，正是松江派从吴门派脱化成形的阶段，除了特立独行的董其昌，松江本身也是吴门画派的外围。孙克弘虽然被视为松江派早期代表，毋宁说他是居住在松江的吴门派画家。所以，蓝瑛所受的文人画影响，追根溯源还是来自吴门派。吴门派对蓝瑛还有更加隐秘而深远的影响，即充当他与更古老传统之间的中介。在蓝瑛山水画主要的技法样式中，李唐样式是通过唐寅学得的，吴镇样式是通过沈周学得的，而王蒙样式部分是通过周臣学得的。周臣画中的牛毛皴，如《踏雪行吟图》中的卷曲皴线，尤其是《密树茅堂图》扇页（皆为上海博物馆藏）中充满躁动感的牛毛皴，在蓝瑛画中都可以找到类似图像。蓝瑛与王蒙的差异之处，正显现出周臣的影响。进一步说，他热衷的“米家山水”常自题仿宋代米芾、米友仁父子和元代高克恭，但吴门画家文徵明和陈淳的米氏云山作品可能是他更容易得到的图像资源。

3．山水画风的变化与创作分期

蓝瑛的存世作品将近千件，[4]是现存作品数量最多的古代画家（其中当然包括伪作、代笔和误定之作）。他没有诗文集与画论传世，只是画上多有自书题识，其中不乏追记自身艺术经历的长题，约有一半的画署有年款。我们可以将蓝瑛漫长的创作生涯大致分为三个时期：约五十岁以前为早期，五十至六十岁是相对短暂的过渡期（中期），六十岁以后为晚期。

蓝瑛来到松江时，山水画已经有相当的水平，又花了二十余年时间，广泛师法宋元名家，从生涩的学习模仿，发展到娴熟自如地运用各家的笔墨技法和构图特色，自称“分别宋元家数，某人皴染法脉，某人蹊径勾点，毫不差谬”。[5]这还只是他的山水画个人风格探索阶段。这时他的仿古画法深受吴门—松江派影响，画风相对细致秀润，尚未形成自己刚劲粗健的特色。技法基本上是中锋运笔，皴法以董源—巨然、米芾—高克恭一系的长披麻皴，以及学王蒙的解索皴为主，山石润泽浑圆，没有过多的棱角，苔点圆润，树木的画法则是多种多样，既有写实的杂树，也有与董其昌如出一辙的纵剖面式的画法；在空间营造上，近景与远景之间常常有明显的层次感，保留着宋画的特色。如三十八岁的《松萝晚翠图》（天津博物馆藏）、三十九岁的《霖雨苍生图》（安徽博物院藏）等，画风都细腻而圆润。但是用笔有时也出现“健拔劲锐”的端倪，如与《松萝晚翠图》几乎同时的《山水图》（香港大学冯平山博物馆藏）笔法细腻但多用方笔，渊源可以追溯到吴门派画家陆治、文伯仁。

他四十岁以后存世作品明显增多，表明他的创作力进入盛期。四十七岁的《仿李唐山水图》轴（图7）综合了李唐北宋末年的宏大构图和南宋初年的劲健斧劈皴，景物层次分明，但斧劈皴主要以中锋线条画出，气质温润，与其说是学李唐，不如说是学唐寅的“白斧劈皴”。未署年款的《溪阁清言图》轴（图8）应当也是四十多岁的作品，风格秀雅。此图学赵孟頫，

---

［4］鲁力《兰瑛·武林画派三题——附兰瑛现存画目》统计已出版海内外藏品426件，《东南文化》1992年4月，页217；王小梅据《中国古代书画目录》、铃木敬编《中国绘画总合图录》和台北故宫博物院编《故宫书画录》（部分分册）统计，内地（大陆）博物馆藏近300件，港台地区及国外收藏100多件，见《从书画鉴定角度看蓝瑛绘画风格之流变》，页9。据小川裕充、户田祯祐编《中国绘画总合图录续编》《故宫书画录》（王小梅论文完成后所出版各分册）统计尚可补充近100件。目前中国大陆博物馆收藏的蓝瑛作品若加上《目录》未计者当在400件左右，《总合图录》著录的日本、欧美以及港台地区公私收藏近200件，近年在各大拍卖公司现身的有200—300件，存世总数当在900件以上，这个统计结果仍然是粗略而不完整的。

［5］《图绘宝览续纂》卷二，页一四，蓝瑛小传。

【图7】
蓝瑛《仿李唐山水图》轴
1631年　绢本设色
纵211.2厘米　横98.2厘米
上海博物馆藏

【图8】
蓝瑛《溪阁清言图》轴
绢本设色
纵167.5厘米　横48.3厘米
台北故宫博物院藏

主峰用中锋画出细腻的荷叶皴线，近景几棵大树的高度占到画面的五分之二，这是元人常用的构图法，树上的藤萝叶涂以明亮的石青色，也是学赵孟頫的复古画风，景深层次已经趋于平面化。

四十二岁的《为仲言作山水图》扇页（上海博物馆藏，图9）则更早地

【图9】
蓝瑛《为仲言作山水图》扇页
1626年　金笺设色
纵18.2厘米　横55厘米
上海博物馆藏

预示出下一阶段风格的前兆。此图学王蒙，构图满、景物密，用笔繁、用墨干，笔法已经显现出解散结构、趋于抽象的意味，并且显示出与年龄不尽相符的苍劲感。

中期是蓝瑛画风转变、个人风格形成的阶段，由早年的中锋细笔向晚年的侧锋粗笔过渡，线条和皴法趋向短、碎，山体结构也出现了繁复堆叠的倾向，空间感明显减弱。这一时期还开始出现窄而长的构图，景物偏于一侧。如五十六岁的《仿黄鹤山樵山水》轴和五十八岁的《仿一峰山水图》轴（皆为天津博物馆藏），两画都采用黄公望的浅绛设色法，画面色调以淡雅柔和的赭石为主。前者在《为仲言作山水图》扇页（图9）的基础上，景物和用笔更加细密，已经趋于破碎；后者（图21）从黄公望《丹崖玉树图》（图10）化出，更为强调细碎的矾头石，笔法也变得苍劲毛糙。

六十岁以后，蓝瑛的风格完全成熟，以敏捷快速的粗笔山水为主，山石轮廓线短小、破碎、躁动，以破笔点苔，以侧锋皴擦，树木的画法更加屈曲苍老。构图造景也基本形成了统一的样式：山体在立轴画中或纵向拉长，或雄伟高峻，经常夸张到了不真实的程度，并以棱角分明的几何体组成，占据画面的大部分且多偏向一侧，而于另一侧留出一定的空间。整个画面从下到上基本处于一个空间平面中，对观众造成一种近在眼前的压迫感。笔法更为苍劲老辣，画面意境雄奇，但内容与构图上的自我重复也比较明显。蓝瑛还有一种极具个人特色的重青绿山水画法，也是晚年才成熟的，水墨画与红、白、蓝、绿等多种不透明色的并用，形成白云、红树、青山的绚丽效果（图11）。

晚期作品数量最多，风格多样，一些早年风格也会在晚年作品中运用。如六十四岁的《仿梅道人渔隐图》卷（天津博物馆藏）、六十七岁的《两峰插云图》轴（广西壮族自治区博物馆藏，图12）、六十八岁的《华岳高秋图》轴（上海博物馆藏）、七十三岁的《云壑藏渔图》轴（故宫博物院藏，图13）。《仿梅道人渔隐图》画在纸上，取景开阔，体现了长卷式构图的悠远舒缓气质，笔法苍劲，水墨淋漓，极似沈周晚年之笔。蓝瑛的仿吴镇画法实际上都是学沈周，这种作风从他青年时期以来延续性最为

【图10】
黄公望《丹崖玉树图》轴
纸本设色
纵101.3厘米　横43.8厘米
故宫博物院藏

【图11】
蓝瑛《仿张僧繇山水图》轴
绢本设色
纵177厘米　横91厘米
无锡博物院藏

【图12】
蓝瑛《两峰插云图》轴
1651年　绢本设色
纵199厘米　横46厘米
广西壮族自治区博物馆藏

【图13】
蓝瑛《云壑藏渔图》轴
1657年　绢本设色
纵369厘米　横98厘米
故宫博物院藏

明显，改变最少。《华岳高秋图》（上海博物馆藏）构图纵长，主峰拔地而起，位居画面中轴，造型方正有如纪念碑，前景至远景，层层景物似乎都处于一个平面上。《云壑藏渔图》则更为集中地体现了他的晚期风格，主峰有大片留白，只是着重描绘了山体的边缘，使得山形在纵长的丈二匹画面上有如蜿蜒上升的巨龙，形式意味远远大于写实性；从早年就经常运用的李唐—唐寅斧劈皴法，在此图中仍然绘制精细、排列有序，更加强了画面的装饰效果。《雪景山水图》（图14）作于七十四岁那年七月，似乎为了对抗酷暑天气，近景大片下垂的柳枝像是被冰冻住，并在多处用白粉表现积雪。

蓝瑛作品中的署款，早期常用的有：蓝瑛、虎林蓝瑛、钱塘（钱唐）蓝瑛、郭民蓝瑛、外民蓝瑛、西湖外史蓝瑛（四十五岁以后）、蝶（蜨）圃蓝瑛等。

中期作品中常用的有：蓝瑛、东郭老农蓝瑛、西湖外史蓝瑛、蚊蝶蓝瑛、梦道人蓝瑛、万绿阿主者蓝瑛等，五十五岁以后还用过吴山农蓝瑛、蜨叟蓝瑛等号。

晚期作品中又出现了一些新的名号，六十五岁前后有石人坞樵父蓝瑛、石人樵者蓝瑛，七十岁前后出现了西湖山民（叟）蓝瑛、研农蓝瑛、山公蓝瑛、山民蓝瑛，七十岁以后还用石头陀蓝瑛、石坞头陀蓝瑛、石坞雪头陀蓝瑛、蜨庄等。

三个时期的署款中，一以贯之的除了表明籍里和乡邦情结的“西湖”，就是感叹人生如梦、真幻难分的“蝶”了。“蝶梦”典出《庄子·齐物论》：

昔者庄周梦为胡蝶，栩栩然胡蝶也。自喻适志与，不知周也。俄然

【图14】
蓝瑛《雪景山水图》轴
1658年　绢本淡设色
纵176厘米　横44.5厘米

觉，则蘧蘧然周也。不知周之梦为胡蝶与？胡蝶之梦为周与？周与胡蝶则必有分矣。此之谓物化。

蓝瑛署款中出现“蝶”字始自人生的中年（艺术上尚属早期），其中扑朔迷离的意味，使他更像一个文人。

4．人物画和花鸟画

浙江职业画家中流行仕女人物、界画楼台，蓝瑛早年学画亦从这方面入手，《图绘宝鉴续纂》说他“宫妆仕女，乃少年之游艺”，[6]后来地方志也说他“描绘宫样，界画衣褶，色色飞动，突过宋画苑诸人”，[7]人物画训练帮助蓝瑛打下了扎实的造型基础。不过他后来很少画人物，一般仅作为山水画的点缀（图15），个别作品中人物占比例较大，甚至有一定情节，可以供我们一窥其人物画风采。如作于癸未（1643）的《石勒问道图》卷（香港赵从衍夫妻藏）。石勒（274—333）为后赵开国君主，他于开疆拓土之余，厚待来自西域的高僧佛图澄，弘扬佛法，亦曾谘以国是。此图表现着便装的石勒在随从陪同下拜见佛图澄，人物造型准确，面相敦实，衣纹线条圆转而劲健，石勒的衣纹略带“战笔”屈曲，略具唐画遗意。树石画法则用笔温和，墨法浓黑湿润，吴镇的特征比较突出，采用蓝瑛的早期面貌（此画为其中期末年作品），可能是为了和较为高古的人物画风取得协调。画上蓝瑛自题隶书“石勒问道”，后以行书自题：

己卯客芜城，有客携钱舜举是图，观舜举法韩晃，余复从舜举而拜韩师，不及舜举之出蓝。

芜城当指安徽芜湖，由此题可知此图底本获观于崇祯十二年（1639），四年后忆临。原图为钱选所作，钱选又是师法唐人韩滉的，因而蓝瑛画中带有唐人的造型和用线特征。卷后有谢三宾所写的跋语，亦云

【图15】 蓝瑛《雪景山水图》轴局部（图14中的点景人物）

“田叔此图法钱舜举而实从韩滉得其笔意，骎骎造唐人之室矣，千秋而下，自有识者”。谢三宾，字象三，号寒翁，浙江鄞县（今宁波）人，天启五年（1625）进士。该跋写于甲申（1644）五月，可能是在绍兴或南京

[6]《图绘宝鉴续纂》卷二，页一四。
[7]清郑沄主修：《杭州府志》（乾隆四十三年修，四十九年续刊本）卷九六，“方技”，页二三。

写的。这位谢三宾是钱谦益弟子，也算明末名士，善画山水，曾经与董其昌、李流芳、程嘉燧等名家研讨画理，故能自创新意，只是作画很少。他后来在南明鲁监国和隆武政权中都接受过官职，但几次降清及告密，对江浙抗清力量造成不小的损害，成了有名的汉奸。

蓝瑛另有一件年份不详的《宁戚饭牛图》扇页（上海博物馆藏）画泉石篱树间有一人一牛，造型准确，线条圆润。从这两件作品看，蓝瑛的人物画放在明末清初的浙江画家群中是毫不逊色的。他与人物画家合作，布景能够揖让得宜，令人物呼之欲出，也得益于他的人物画能力。

蓝瑛的作品中数量仅次于山水的就是花鸟竹石，风格承吴门画派余绪，阶段性特征不像山水画那样明显，但也呈现早年细致、晚年粗健的变化。

他的花鸟画法大致可分为工细与写意两种，工细者数量较少，勾线填色，一遍画成，线条也比较粗劲，已非宋人的工致。至如晚年的《萱石长春图》扇页（图16），虽然萱花和叶子采用双勾填色，色彩浓艳，但线条粗劲有力，显示山水画家本色；辅以少量蔷薇花叶与花苞，平涂色后用墨线勾叶脉，保留了勾花点叶派的技法特色；湖石皴擦较细致，但笔法粗劲苍老，与蓝瑛晚年所画拳石颇为近似，从画风及隶书画题来看当属蓝瑛晚年作品。

放逸一路系以吴门周之冕画法为基础，广泛吸收了吴门画家陈淳、绍兴画家徐渭、嘉兴画家陈嘉言等人的技法而形成的。其中风格稍趋放逸、近似周之冕的作品数量较多，花、叶、果之中，或仅有部分勾线，或全用点染，并用笔肚涂抹渍染，这是周之冕的典型技法。更为放逸者接近陈淳，如《秋色梧桐图》轴（故宫博物院藏，图17），枝与红叶作小写意，墨叶用湿画法，几如泼墨，鸟则比较工致。又如《花鸟册》页（上海博物馆藏），第八

【图16】 蓝瑛《萱石长春图》扇页 金笺设色
纵16.4厘米 横51.8厘米 上海博物馆藏

开用湿墨画叶子与蜡嘴鸟，用勾线填色画豆荚，都近似《秋色梧桐图》，当为同一时期作品（七十岁左右）。该册体现了蓝瑛花鸟画风的多样性，有几页运用勾线填色的工致画法，也有几页运用疏放的写意画法。

蓝瑛所受周之冕和陈淳的影响都是来自孙克弘。[8]孙克弘不但影响了蓝瑛，也影响了蓝瑛的传人。如吴讷山水学蓝瑛，花卉则学孙克弘。[9]蓝瑛与吴门花鸟画家的明显区别在于作品幅式，他常用立轴、扇面与册页，而极少用吴门后期流行的长卷。立轴、扇面与册页都具有公共展示功能，而长卷适合个人与极小圈子里的欣赏，市场指向文人士大夫的私藏。

[8] 孙克弘接近周之冕的作品如《墨卉》卷（台北故宫博物院藏），接近陈淳的作品如《芸窗清玩图》卷（首都博物馆藏）和《花鸟》册（上海博物馆藏），后二图中都有写意画法的墨蟹，与陈淳笔下的墨蟹颇为近似。

[9]《图绘宝鉴续纂》卷二，页二六。

在这一路画风基础上发展下去，蓝瑛有一些传世兰竹石画得更为自由奔放，行笔速度极快，石块用破锋飞白画出轮廓，不避圭角，竹叶亦用破锋撇出，相应地，署款书法也用行草书，书写速度快，结体和笔画都传达出跳跃感。代表作可以举出崇祯七年（1634）所作《兰竹石图》册页十二开（广东省博物馆藏）。这种狂放风格显然兼融了浙派的元素，并且体现出徐渭的神韵，如《杂画册》页十开（日本黑川古文化研究所藏）中有一开就画沈周和徐渭都画过的石榴题材，还有杏花、桃花各一开，虽然自题学元人王渊（若水），但与王渊的水墨工笔迥异，而与徐渭的水墨大写意相当接近，虽然蓝瑛使用了设色。从整体笔墨特征上看，蓝瑛的这一路画法接近徐渭要远远多于浙派，如用笔仍以中锋为主，墨色浓淡控制得宜，水分不重，线条坚实有挺拔感。这种画风应当影响了清中期的扬州画派，但扬州画家偏好用水，易偏软弱，而蓝瑛的习惯是墨多水少，来自山水画中的干笔画法（第肆部分中“蓝瑛受到贬抑的原因”有更详细的分析）。由这种差别可以推断蓝瑛款的《竹石图》扇页（南京博物院藏）很可能是清代中后期扬州地区的伪作（详见第肆部分中“其他传人与影响”）。

蓝瑛还受到嘉兴画家陈嘉言（1539—？）的影响。陈嘉言使用较硬的画笔，波挑劲健，时见枯笔，造型乱头粗服，结构松散。这种画风也出现在蓝瑛的晚期花鸟画中，与其晚期山水画的用笔有共通之处，如《拳石折枝花卉》册（故宫博物院藏）中有十页为折枝花卉，其中桃、兰、菊、梅等页用较硬的笔画出，波挑和枯笔颇似陈嘉言的风格。这种风格的间接来源也可以上溯到孙克弘。孙克弘《画花卉》卷（台北故宫博物院藏）中出现了一些粗硬的梅枝，和陈嘉言笔意相似。蓝瑛中年以后经常来往嘉兴，有更多机会直接接触陈嘉言的作品，可能还唤起了他对孙克弘类似风格的

【图17】
蓝瑛《秋色梧桐图》轴
1654年　纸本设色
纵66厘米　横52.4厘米
故宫博物院藏

记忆，最终把陈嘉言画风融入自己的风格体系中。

5．兼能诗书

蓝瑛没有参加过科举，但显然受过基本的文化教育，加上多年浸淫于文人圈，通过刻苦努力提高了文化修养，兼能诗歌书法。除了从科举之途跌落成职业画家的陈洪绶、祁豸佳等人，出身较为寒微的职业画家有不少人也能诗善书，这是晚明一个值得注意的现象，除了蓝瑛，还可以举出孙杕、许初等例子。这当然是因为这些职业画家的出身还不属于赤贫阶层，幼年多少还能受到一些教育，也因为成年后他们要和文人士大夫阶层发生交往、寻求卖画机会，诗画是有用的交际手段。因为随写随送，并无传世之宏愿，他们都没有诗文集传世。蓝瑛的诗歌偶见于赠人书法和画上自题诗，多为五言或七言绝句。

前述崇祯五年（1632）参加汪然明西湖宴集所作五律诗扇（四川博物院藏），应当是他较早的诗歌作品：

雀舌香初透，高轩叱驭来。新声铙吹歇，玄尘吉云开。

梅月笼芳砌，须眉照摄台。隔帘歌窈窕，醇饮共忘回。

另一首七言律诗也书于扇头（北京市文物商店藏），应该也是在一次西湖雅集中所作：[10]

满湖寒雨结丝丝，画舸停棹问客移。

雾幔白沉西子梦，荷衣绿卷大苏堤。

快晴暂阁行觞政，小扇看画即事诗。

倩妓髻松司墨倦，鹅群款索立多时。

此诗是代王遂东（思任）书，书法学董其昌。

这些诗内容应景，格律规范，但语言生硬，意象缺乏生动之致，与明末文人西湖游宴、歌姬侑酒的佚乐氛围有点脱节，也传达出蓝瑛开始参加这种不属于自己原有社会阶层的社交活动时，心态是相当拘谨的。他没有受过科举教育，也非诗社成员，勉力参加这类“社友”的诗书雅宴，显然是为了获得更多的社会关系，打开浙江卖画市场。总体上看，蓝瑛的诗歌算得上结构平正，音韵优美，个别作品文字清新流畅，意境妍丽如画。自书散文题跋也典雅清丽。如《一江秋水图》轴上自题：

一江秋水淡无烟，繁露蒹葭欲暮天。

□是短篷人领意，醉霜红叶半堆船。[11]

《仿梅道人渔隐图》卷自题：

钓罢菰蒲岸，莼肥鲈亦肥。

贳（音“世”，意为赊）来三罐酒初熟，醉却一生无是非。

白蘋香散红蓼艳，横笛吹冷龟兹奇。

俟得干戈宁贴日，莫厌极目黍离离。

表达了对战乱的厌倦，也说明他的遗民情结并不很重。

《澄怀观道图》册（故宫博物院藏）的对页自书诗更为集中地体现了他的诗才，如：

欲寻云壑漫藏舟，到处桃花水自流。

果是山深秦可避，置身物外足千秋。（仿赵孟頫）

秋山横暮烟，溪浅绿波平。

利涉大川者，追随瘦蹇行。（仿赵幹）

［10］胡启明：《蓝瑛与西湖雅集》，《中国文化报》2014年9月7日，第7版。

［11］藏处不详，图见杨惠东《中国名画家全集·蓝瑛》，河北教育出版社，2006年，页9。

绿萝垂古槎，舟贴晴波外。
隔溪泉有声，响似吹天籁。（未署临仿对象）

江路秋霜净，长林叶脱寒。
白云拖碧岫，停棹醉中看。（仿李成）

冻壑雪销初，凝寒侵骨冷。
独有南窗人，哦絮曝团影。（仿范宽）

蓝瑛不以书法著称，很少以书法赠人。但他的书法经过多方探索和学习，也逐渐形成了鲜明的个人特色。他早期较多使用楷书，曾受过吴门书家王宠的影响，如现与孙克弘等合装《朱竹图》卷中第四段“临水竹石”自题书风接近王宠。同样结构端正、用笔细小的楷书还见于顺治七年（1650）所作《山水花卉四开册》中的《柳下垂钓》一页（辽宁博物馆藏），只是楷中带行，已不复早年的拘谨（此册中有同时所作的另外两页，题字虽细小而端正，却是行书）。结识董其昌后，在书画上都受其影响，《楚山清晓图》扇页（图18，湖北省博物馆藏）上的自题用笔变化丰富，使转灵活，但书写速度缓慢，是通过董其昌上溯宋代米芾的书风。早期也偶见使用行书题识，结体和用笔多取平正，尚存楷书意味，如《溪山秋色图》卷（图19）自题。

中年以后，蓝瑛书风逐渐成熟，画上主要采用行书题识。《秋林高士图》轴（安徽博物院藏）自题笔势沉重，提按略显夸张，显示出徐渭的影响，这远远早于他去绍兴的时间，说明他见到过流传在外的徐渭书迹。晚年自题书风有的已趋于潦草狂放，如七十五岁所作《法张僧繇白云红树图》轴（中央美术学院美术馆藏，图28），墨尽笔干仍竭力书写，最后的

【图18】 蓝瑛《楚山清晓图》扇页 1611年
金笺水墨 纵16.5厘米 横48厘米 湖北省博物馆藏

“也”字纵笔而下，几乎不能辨识。

蓝瑛行书最鲜明的个人特色是：结体强调斜画紧结，笔势强调纵引，用笔主要靠使转产生变化（这是“二王古法”的特征，出于右手指腕的灵活动作），而不是此前明人书法中流行的平移和提按，这体现出董其昌的影响，也符合晚明流行风格。但是他指尖细微动作少，笔画细腻变化少，与惯于案头书写的文人书画家如董其昌等人还是有明显区别的，原因可能是蓝瑛长期画绷于框上的绢本大画，习惯于悬臂在倾斜的画面上书写，故与魏晋时代的古法相合，而与元明案头书法有别。其实他在方寸之纸上能够较好地把握案头书法的精微之处，佳作如壬午（1642）《仿古山水》册十二开，每开对题的字体和大小都很讲究，尤其是“大痴富春山卷中一段，溪山蓝瑛”一题，形态上窄下宽，变化多姿，用笔讲究提按，墨色枯润变化细腻。但在大多数作品中，即便是案头小品，他也保留着上述运用

【图19】　蓝瑛《溪山秋色图》卷　1613年　绢本设色
纵23.8厘米　横180厘米　天津博物馆藏

指腕的用笔习惯，笔法处理简单，笔画时见重复，如起笔、收笔处顿压的处理就比较单一，笔势下行转折的方式也趋于雷同，不使用较为复杂的翻腕动作，有的笔画转折径以圆转代替，与其画法的刚劲粗硬不甚协调，如丙申（1656）《仿古山水》册十六开（上海博物馆藏）上自题即是如此。上述种种局限之处，自然会妨碍他的书法成就和声誉。

蓝瑛中年以后还经常在画上题写隶书，主要用于题写画名，如《秋壑高隐图》轴（上海博物馆藏）、《华岳高秋图》轴（上海博物馆藏）、《秋壑飞泉图》轴（吉林省博物馆藏）、《苍林岳峙图》轴（上海博物馆藏）等，偶亦用于题诗，如壬午《仿古山水》册最后一开。和明末流习一致，他的隶书结体方而偏长，用笔近乎楷书，收笔波挑不明显，并好作异体字。

蓝瑛还能刻印，他曾写信对一位“越翁太先生”嘘寒问暖，并奉命刻印。[12]这可能是亲友之间的应酬，并非市场行为，但体现出蓝瑛多方面的才能。

二、董其昌对蓝瑛的影响

在蓝瑛师法古人的过程中，对他影响最为深远的人物无疑是董其昌。如果说孙克弘是蓝瑛与吴门画风之间的津梁，董其昌则是蓝瑛试图通向文人画核心的宝筏。

1. 进入传统的桥梁

山水画风的传承依赖于大量观摩古代名画，董其昌既富于收藏，又与画商和收藏家们来往密切，是蓝瑛追寻传统最主要的渠道。当然，董其昌对于他心目中“南宗正统”大师们的特殊偏好，也限定了蓝瑛的所见与所学。以下试举几例说明：

董源样式：董其昌曾珍藏董源山水画七件，[13]蓝瑛来到松江之时，董其昌手中已经有三件董源作品——半幅《溪山行旅图》[14]《潇湘图》[15]《龙宿郊民图》[16]。后来又陆续入藏的有《夏山图》[17]及《秋江行旅图》[18]。董其昌获得和寓目董源作品大半是在出仕北京期间。上述作品中，只有半幅《溪山行旅图》久在江南流传，董其昌题《夏山图》跋云："吴中相传沈石田、文衡山仅见半幅，为《溪山行旅图》。癸巳岁入京得之吴用卿。"他最后也是从来往于江南与北京之间的徽州画商吴廷手中购得此画的。《龙宿郊民图》购自莫是龙之婿潘光禄，此图可能也是莫是龙从北京购得的。其余几幅画的原主，《潇湘图》藏于长安（此指北京）李纳言，后来转于彭孔目之手（地域不详），再转让于董其昌，《夏山图》得自偏头关（位于今内蒙古河套平原）万金吾，《夏景山口待图》属东昌（属山东）朱阁学，求让不予。北方藏家占有明显优势，这似乎表明太湖流域一带原本流传的董源画迹甚少。因此，董其昌不但是董源画风的积极

[12] 见《蓝瑛、王思任、（陶）奭龄信札八通》，蓝瑛信札之三，西泠印社拍卖有限公司，2006年春季拍卖图录，编号0788。

[13] 吴升《大观录》卷一二录董其昌题董源《秋江行旅图》："北苑画米南宫时止见五本，余家所藏凡七本，以为观止矣。"载卢辅圣主编《中国书画全书》第八册，上海书画出版社，1994年，页396。

[14] 现藏日本。据董源《夏山图》卷后董其昌乙亥中秋跋，系万历二十一年癸巳（1593）于北京购自徽商吴廷（用卿）。

[15] 故宫博物院藏。据该卷后董其昌题跋，系万历二十五年丁酉（1597）于北京购自彭孔目。

[16] 台北故宫博物院藏。据董源《夏山图》卷后董其昌乙亥中秋跋和天启四年甲子（1624）题，系万历二十五年丁酉（1597）于松江购自潘光禄（莫是龙婿）。

[17] 上海博物馆藏。据董源《夏山图》卷后董其昌乙亥中秋跋，系崇祯五年壬申（1632）于北京购自偏头关万金吾。

[18] 现下落不明。据董源《夏山图》卷后董其昌乙亥中秋跋，系崇祯六年癸酉（1633）购于北京。

倡导者，实际上也是江南地区最大的“董源画库”，至少对于松江一带的布衣画家赵左、沈士充、吴振、蓝瑛等人，董其昌应是他们接触董源作品的唯一途径。

蓝瑛《仿董源山水》（上海博物馆藏）卷末自题“董北苑画……余师法四十年”，此卷作于丙戌（1646，六十二岁），上推四十年当是他来到松江的1607年前后。那时蓝瑛接触并“师法”董源作品唯一可能的途径就是董其昌。不过从这个画卷本身来看，它采用明末流行的“千岩万壑”式山水长卷的构图，皴法上以具有蓝瑛自身特色的荷叶皴和豆瓣皴为主，还糅合了一点折带皴，唯独没有董源的披麻皴。在蓝瑛笔下提到的仿古对象中，董源的出现机会也很少。所以，董源对蓝瑛的影响是象征意义大于实际意义。由此不免令人怀疑蓝瑛在董其昌处观赏董源画作的机会极其有限，很多作品甚至是只闻令名不见芳踪。他偶尔提到董源，恐怕只是为了表示自己与文人画“南宗正脉”的联系。

米氏云山：米芾的《楚山清晓图》（有时董其昌把它归属于米芾之子米友仁）是董其昌学习米氏云山画法的重要原典。蓝瑛对这一原典的学习也持续终身。现存他最早的山水画作品——二十七岁所作《楚山清晓图》扇页（图18）就自题“仿米老楚山清晓图”，在四十四年后的乙未《仿古山水》册（故宫博物院藏）中，第一页还是仿“米南宫楚山清晓”。 蓝瑛当是在董其昌处见过此图（虽然不太可能是米芾真迹）或董的临本并临仿之。

赵孟頫样式：蓝瑛笔法中最具个人特色的是荷叶皴。荷叶皴是披麻皴的变体，系以中锋画成的一套皴线组合，中间先画一条主线，两侧分出层层支线，线条在弧形中略带曲折，如同荷叶的筋脉，故名。这种皴法大量应用于蓝瑛的扇页小品和拳石图，从早年的细密到晚年的粗放，始终保持着荷叶皴的鲜明特征，应当是直接学自赵孟頫《鹊华秋色图》卷（图20）的。此图虽然煊赫有名，但几乎未有传摹本，有的学者甚至怀疑其出于明代中后期苏州、嘉兴一带画家、收藏家的伪托。[19]万历十年（1582）董其昌在项家首次见到《鹊华秋色图》，万历三十年项元汴后人项晦伯将此图转让给董其昌，董其昌于十年后又将它转让给“吴光禄”，也就是宜兴吴之矩。董其昌对此图珍视非常，曾手绘绢本临本，在持有时共题跋原作两次，转让后又题跋三次，为其藏品中题跋最多的一件，甚至超过了董源的作品。[20]蓝瑛结识董其昌后，将近九年时间内都有机会在董家观赏甚至临摹《鹊华秋色图》。也正是在这个过程中，《鹊华秋色图》中的荷叶皴在蓝瑛画中打下了深刻的烙印并持续终生。

王蒙样式：蓝瑛另一种常用笔法是牛毛皴，皴线卷曲颇为夸张，因使用干笔画成而时时显得尖利甚至刚硬。这是王蒙的个人样式，蓝瑛的直接取法来源却可能是周臣，四十二岁时所作《为仲言作山水图》扇页（上海博物馆藏）中的牛毛皴就很接近周臣的画法。但是追随董其昌期间，蓝瑛有更多机会面对王蒙原作，使他的牛毛皴变得更为丰富。王蒙《太白山图》（曾经项元汴收藏，现藏辽宁省博物馆）、《青卞隐居图》（董其昌题诗塘“天下第一王叔明画”，现藏上海博物馆）都与董其昌有密切关系，蓝瑛可能通过董其昌而获观。《太白山图》笔法尖细，牛毛皴结构松

［19］参阅丁羲元：《国宝鉴读》第四卷，《赵孟頫画迹辨伪》，尤其是《〈鹊华秋色图〉再再考》，上海人民美术出版社，2005年，页365—379。

［20］参阅《国宝鉴读》第四卷，《赵孟頫画迹辨伪》《赵孟頫〈鹊华秋色图〉辨伪》，及附表《董其昌收藏〈鹊华秋色图〉始末》，350页。受让人“吴光禄”，即张丑《清河书画舫》（1616年初版）中提到此画当时藏者“宜兴吴氏”，亦即《富春山居图》的受让人宜兴吴之矩。参见李铸晋《赵孟頫〈鹊华秋色图〉》中的分析，人民美术出版社，1985年，页31—32。

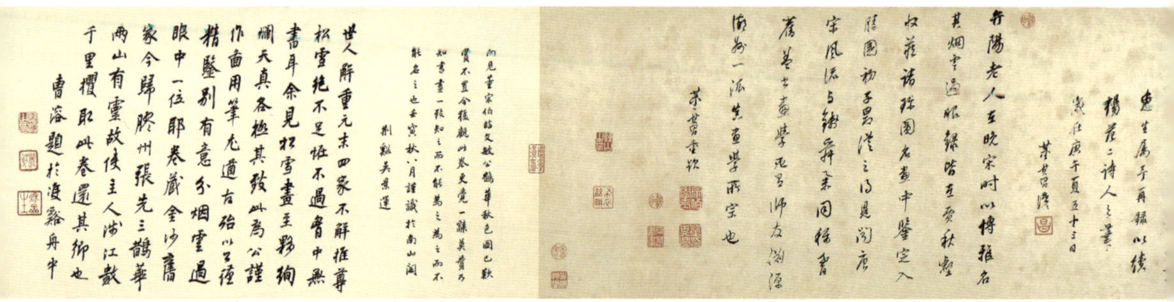

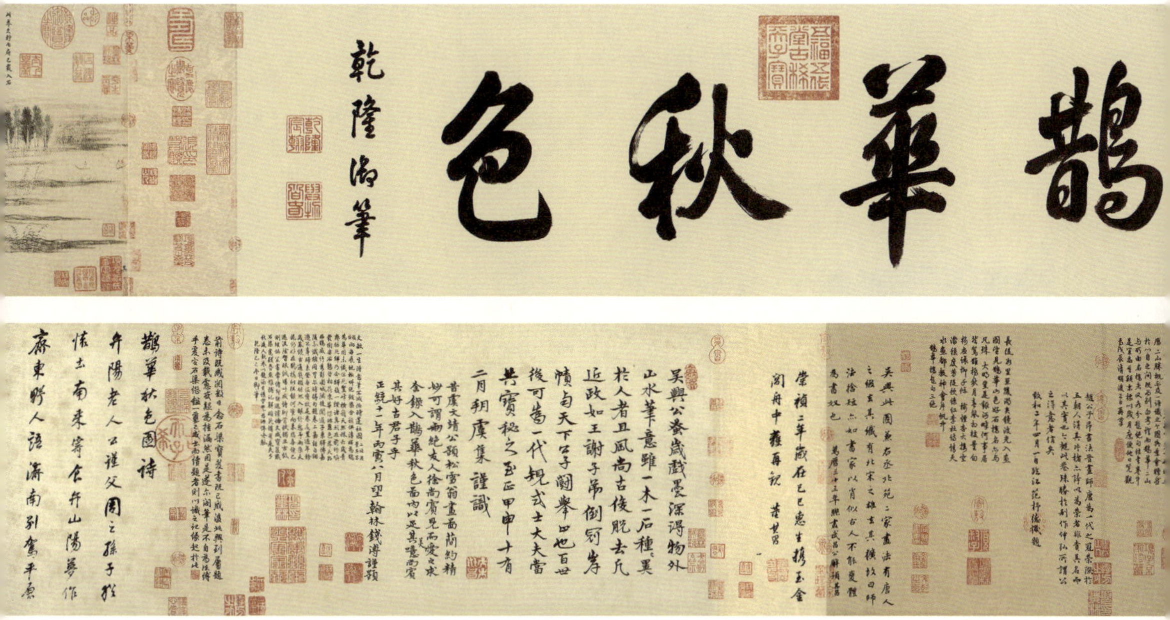

【图20】

赵孟頫《鹊华秋色图》卷

1295年　纸本设色

纵28.4厘米　横93.2厘米

台北故宫博物院藏

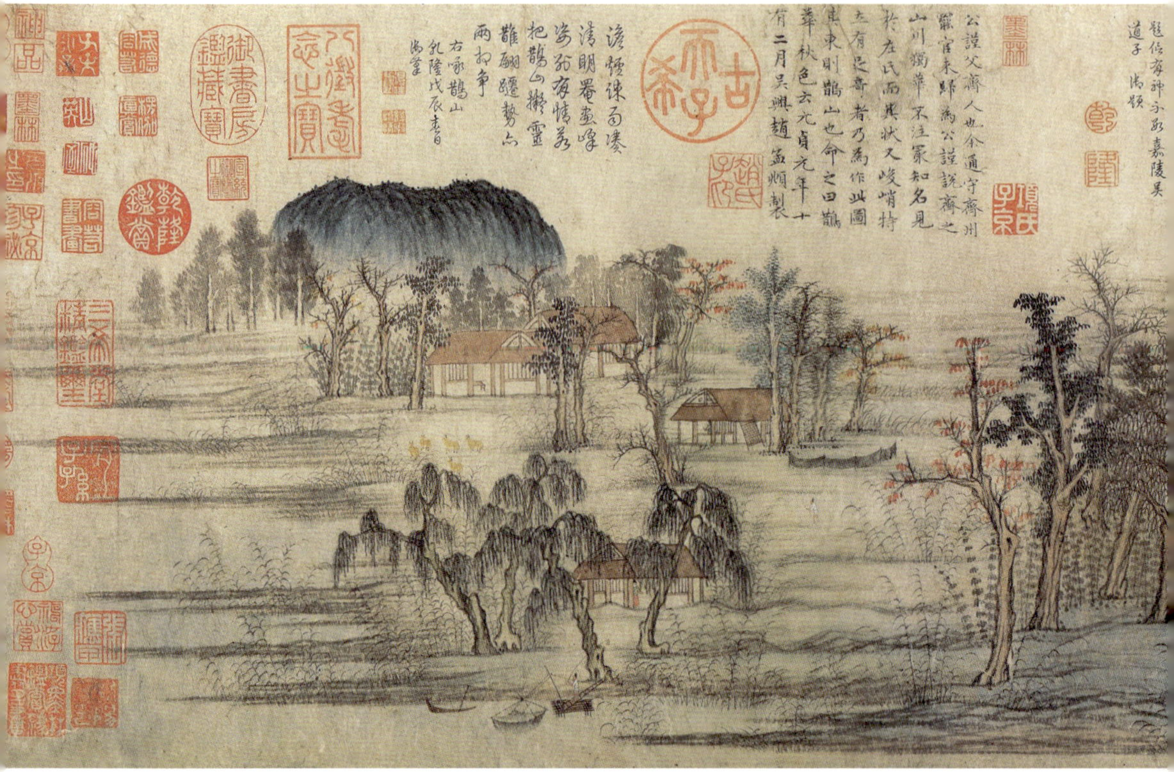
公謹父齊人也余通守齊州
罷官來歸為公謹說齊之
山川獨華不注最知名見
於左氏而其狀又峻峭特
立有足奇者乃為作此圖
其東則鵲山也命之曰鵲
華秋色云元貞元年十
有二月吳興趙孟頫製

动，用笔灵活，设色浓重，《青卞隐居图》的笔法则较为粗劲，这些特征都对蓝瑛产生了明显的影响。

黄公望样式：元四家中对蓝瑛影响最大的是黄公望，这也是到松江后受董其昌（可能还有董其昌的绘画老师顾正谊）影响所致。黄氏重要作品大都流传在苏州和松江。崇祯十二年（1639）蓝瑛《仿黄公望山水》卷（台北故宫博物院藏）自题："一峰老人法从晋唐……余仰师三十年，少得于皮矣。"上溯三十年为万历三十七年左右，那几年董其昌大部分时间在江南，而蓝瑛基本上在松江居住，他们的来往机会很多。蓝瑛五十八岁所作的《仿一峰山水图》轴（图21）画面基本从黄公望《丹崖玉树图》化出。《丹崖玉树图》轴（图10）是流传在江南的黄公望名作之一，曾经董其昌收藏。蓝瑛进入老年之际仿作此图，说明他年轻时曾在董其昌处临摹学习过原作。

黄公望《富春山居图》在丙申（万历二十四年，1596年）归董其昌，董在前隔水绫上书跋，发出"吾师乎、吾师乎"的感叹。后来董其昌将其转让给宜兴收藏家吴之矩（字正志），转让时间不详，最大的可能是在天启四年赴京之前。蓝瑛在董其昌处有充足的机会看到此画。正是在天启四年（1624），蓝瑛作有《仿黄公望富春山图》卷（美国普林斯顿大学艺术博物馆藏），起首一段略似"火后本子明卷"开头一段，其后与原作相去较远，但尽力表现黄公望的长披麻皴和山顶平台造型。这是凭以前在董家观画的印象，以意为之。这种印象后来日渐模糊，但直到晚年也未完全磨灭，一再显现画中，如壬午（1642）《仿古山水》册（上海博物馆藏）中有仿"大痴富春山卷中一段溪山"页，丙申（1656）《仿古山水》册（上海博物馆藏）中也有 "用一峰老人富春小卷中之法"页，《仿富春山图》轴

【图21】

蓝瑛《仿一峰山水图》轴

1642年　纸本设色

纵163厘米　横74.4厘米

天津博物馆藏

（山西博物院藏）亦自题“法一峰老人富春山之意”。

其他：董其昌友人的收藏也是蓝瑛重要的艺术资源。蓝瑛壬午《仿古山水》册（上海博物馆藏）中有仿方从义一页，题“方上清有奇峰白云，陈眉公藏是，法其意”，同年所作《赠方亨咸仿古山水》册（美国芝加哥美术馆藏）有一页也自题“法方上清奇峰白云”，这是学自陈继儒的藏品。

2．好古入骨髓

“仿古”是蓝瑛创作中最引人注目的特征，他几乎无画不称仿古。他画的立轴和手卷绝大多数都题有仿古对象，册页则几乎全部是仿古册，自书标题的册页内容也是逐页仿古（如故宫博物院所藏《澄观图》册和《澄怀观道图》册）。以故宫博物院所藏癸酉（1633）和乙未（1655）两本、上海博物馆所藏壬午（1642，图22）、丙申（1656）及年款不详的（自署画于“落石舟中”）三本《仿古山水》册为例可以看出，他的仿古对象主要集中于以下二十余位画家：王维、荆浩、关仝、董源、巨然、李成、郭熙、王诜、范宽、李公麟（山水画）、米芾、李唐、赵孟頫、高克恭、黄公望、王蒙、吴镇、倪瓒、方从义、赵雍。其中最核心的十位画家成员则是五代北宋北方画派的荆浩、关仝、李成、范宽，南方画派的董源，元代的赵孟頫和元季四家。

上述二十人名单和十人名单，基本上就是董其昌所谓“南宗”的广义和狭义名单，只有李唐例外，他虽然被列入“北宗”却得到董其昌赞赏，而蓝瑛所仿实仅限于李唐在北宋末年的北方画派风格（图23）。

明代画家、鉴赏家（包括董其昌和蓝瑛）关于五代到元代画家的知识体系主要来自元末夏文彦编纂的《图绘宝鉴》，董其昌因过目名作甚多，所用的画家名称和《图绘宝鉴》存在细微区别。而蓝瑛笔下的前代山水画

【图22】 蓝瑛《仿古山水》册页
1642年 纸本水墨或设色
纵20.5厘米 横13厘米 上海博物馆藏

【图23】
蓝瑛《山亭夕照图》轴
绢本设色
纵140.3厘米　横40.4厘米
天津博物馆藏

家名号正好体现出《图绘宝鉴》中提供的别称（本名以外的称呼）与董其昌的混合影响：大部分画家名号都与《图绘宝鉴》相同，而董源、米芾、赵孟頫、王蒙、吴镇五人的名号则属于董其昌的话语系统。下表以董其昌《画禅室随笔》与蓝瑛五本册页中的画家称呼对照显示，画线部分为关联度较高者：

古代大师	《图绘宝鉴》别称	董其昌称呼法	蓝瑛落石舟中册	蓝瑛癸酉册	蓝瑛壬午册	蓝瑛乙未册	蓝瑛丙申册
董源		董元 北苑					北苑 太守
米芾	元章	米元章 米南宫 米襄阳	米襄阳		米襄阳	米南宫	米南宫
赵孟頫	子昂 松雪道人 翰林学士承旨 魏国公 文敏	赵荣禄 赵集贤 赵文敏		松雪 （二幅）	赵文敏公	赵荣禄	
王蒙	叔明	王叔明 黄鹤山樵	王黄鹤	王黄鹤	黄鹤	黄鹤山樵	黄鹤山樵
吴镇	仲圭 梅花道人	吴仲圭		梅沙弥	梅沙弥	梅沙弥	梅沙弥

上表中蓝瑛对董源、米芾、王蒙的称呼受董其昌影响最为明显。至于对吴镇，蓝瑛册页中习用“梅沙弥”，卷轴中则见有“梅道人”[21]，另外也有称“梅花道人”[22]的。吴镇画上自署“梅花道人”，《图绘宝鉴》的记载是准确的，明代中期画家詹僖仿作吴镇竹石则自署“梅道

[21] 如《仿梅道人渔隐图》卷（天津博物馆藏）自题“戊子清和法梅道人渔隐图并题”。
[22] 如《清溪九夏图》轴（广州美术馆藏）。

人”，在董其昌各种题跋和笔记中，“梅花道人”和“梅道人”两称互见，说明受到伪作的干扰，这种干扰对蓝瑛的影响更大一些。

仿古是晚明时风，海内翕然从之。蓝瑛之特殊，并不在于他仿古，而在于他非仿古不画，无画不称仿古，而且全以董其昌所论为旨归，这与其说是受到了董其昌等人的影响，不如说是为了表示自己与文人属同一法脉，带有自我标榜的意图。他要给自己的全部创作贴上标签，表示这的确是南宗画法。犀利的文人可能就此发现他内心的不安——唯恐被视为旁门左道；多疑的职业画家可能又会觉得他拉大旗作虎皮，甚至隐然以董其昌的传人自居。也许，蓝瑛心中真的并存着强烈的自卑与自负。

《图绘宝鉴续纂》说蓝瑛“性耽山水，游闽粤荆襄，历燕秦晋洛，涉猎既多，眼界弘远”，[23]不太可信。早有学者指出“在当时的交通条件下进行这样的远游是要付出大量的时间、财力和精力的，但从目前所见到作品的题材和题跋上看，却没有任何关于远游的反映与线索，所以说这种记载也许是为了附会董其昌倡导文人画时所提出的‘读万卷书，行万里路，胸中脱去尘浊’的宗旨，而蓝瑛一生只活动于江浙一带，根本没有到过江浙以外的地区”[24]。其实从当时的情势看，这种远游也几乎不可能实现：董其昌在世时，蓝瑛追随董氏在江南活动，未曾远离；崇祯九年董其昌去世前后，“流寇”的袭掠和满洲的侵扰已使“燕秦晋洛”成为畏途。

但是，在对自己虚幻的“行万里路”经历的描述中，蓝瑛对董其昌理论的附和，与对自己形象的建构交织在一起。也许是董其昌言必称“吾家北苑”连蓝瑛都觉得有点滑稽，也许是自觉与董其昌的关系还不够亲密——根本原因是蓝瑛与董其昌完全不属于一个阶层，也许是出于一个能力特别强的人应有的傲骨，总之蓝瑛笔下几乎没有提到过董其昌，但这不意味着他心中不会时时想到董其昌。晚明的“行万里路”，大概类似于今天的“走遍天下”——今天所谓“天下”已经不是指全中国，而是指全世界，一个能游历世界的人，眼界开阔，话题广泛，因而更容易成为“时尚中人”，甚至时尚的领导者。在山水画早已跳脱写实之外的晚明，董其昌倡导的“行万里路”，与其说是为了“师法自然”，不如说是为了构建文人画家超越芸芸众生之上的形象。蓝瑛“被‘行万里路’”，意义也在于此吧。

3．创作上的影响

蓝瑛在创作上也直接受董其昌影响，青年时期尤为明显。他二十七岁所作《楚山清晓图》扇页，画在金笺扇面上，用湿笔重墨，因纸质不吸水而显得格外浓重湿润；书法间架端正，转折处圆而不滑，用笔提按微妙，并不一味追求使转，字距疏朗停匀。书画风格都明显带有董其昌的痕迹。

万历四十一年（1613）的《溪山秋色图》在构图和技法上都受到董其昌的名作《昼锦堂图》卷（图24）影响。《溪山秋色图》采用了蓝瑛作品中较为少见的手卷形式，其淡雅的青绿设色，乃至一些具体的丘壑与树石造型也接近《昼锦堂图》。[25]

更为引人注目的是以白云、红树、青山为特征的重青绿山水，仅见于董其昌和蓝瑛两人笔下。已有学者指出：“蓝瑛还有一类青绿没骨山水，

[23]《图绘宝鉴续纂》卷二，页一四，见《画史丛书》第二册。

[24] 王小梅：《蓝瑛的画风与鉴定》，《收藏家》1997年第2期，页28。《晚明变形主义画家作品展》图录，《五画家游踪图》绘蓝瑛游踪遍历浙、闽、粤、皖、鄂、豫、陕、晋、冀，而遗漏了绍兴、镇江、扬州、南京，台北故宫博物院，1977年，页648。

[25] 劳继雄著《鉴画随笔》有《董其昌与蓝瑛》一篇，已经注意到《溪山秋色图》与董其昌画风的联系，上海古籍出版社，2006年，页28—29。

如《山川白云图》，题云‘法张僧繇之笔’，其实并无根据表明他仿自张僧繇，而在董其昌的绘画作品中，倒经常有以仿张僧繇或唐杨昇为题的青绿没骨山水，可见这种画风是由董其昌等文人画家布扬并流行的，蓝瑛无疑是受了这一风气的影响。”[26]这种画风可以说是董其昌的创新，蓝瑛则将它推向成熟。

对色彩的关注是来自吴门的传统，并被松江画家继承。明末清初沈士充、恽向的《仿古山水册》页（分别藏于故宫博物院和苏州博物馆）中都运用了浓重的石青、石绿或白粉，董其昌的山水画一直都在尝试使用浓重色彩，其早期代表作《燕吴八景册》页（上海博物馆藏）中“西山雪霁仿张僧繇”一页就描绘了白粉积雪下的红树青山（图25），另外“西湖莲社”“舫

【图24】 董其昌《昼锦堂图》卷 绢本设色 纵41厘米 横180厘米 吉林省博物馆藏

斋候月”两幅也应用了石青重色。这种设色画法一直延续到晚年，传世作品可靠者不多，例如《秋山积翠图》扇页（上海博物馆藏）、《昼锦堂图》卷（吉林省博物馆藏），既有纸本，也有绢本，画法或以没骨涂染，或以水墨为骨干，先勾皴后着色，色不碍墨。总体上看，董其昌的重青绿技法还没有完全脱离水墨画“有笔有墨”的规范，没骨画法并未成熟。

董其昌探索重青绿技法的过程中，蓝瑛常追随左右，自然会受到董其昌的启发。他早年曾经在水墨画中加入很淡的青绿设色，如《江皋暮雪图》

[26] 王朝闻总主编：《中国美术史》明代卷（单国强主编），齐鲁书社、明天出版社，2000年，页152。

【图25】 董其昌《燕吴八景册》页之“西山雪霁仿张僧繇”团扇页
1596年　绢本设色　纵26.1厘米　纵24.8厘米　上海博物馆藏

轴（浙江省博物馆藏）；后来也会加入不透明的石青色，如《桃源春霭图》轴（青岛市博物馆藏）。六十岁以后技法完全成熟，水墨画与红、白、蓝、绿等多种不透明色并用，色墨互不相碍，形成白云、红树、青山的鲜艳效果，与董其昌的没骨画法有明显区别，色彩更为明艳，装饰性更为强烈。在五十八岁所作《丹峰红树图》轴（上海博物馆藏，图26）已经运用自如，到

【图26】
蓝瑛《丹峰红树图》轴
1642年
绢本设色
纵184.3厘米　横50.8厘米
上海博物馆藏

了七十四岁的《白云红树图》轴（故宫博物院藏，图27）和七十五岁的《法张僧繇白云红树图》（中央美术学院美术馆藏，图28）中进一步圆融成熟。这种画法的代表作还有《摹张僧繇青绿山水图》（天津博物馆藏）、《仿张僧繇山水图》轴（无锡博物院藏，图11）等。

有清一代传习董、蓝重青绿山水画法的人很少，蓝瑛的传人中仅刘度善画这类重青绿没骨山水，作品有《仿张僧繇白云红树图》轴（图39）、《仿张僧繇山水图》轴（皆为山东省博物馆藏）等。现代山水画家张大千、吴湖帆等人却受到它的影响，重新发掘了色彩的表现力。

【图27】
蓝瑛《白云红树图》轴
1658年
绢本设色
纵189.4厘米　横48厘米
故宫博物院藏

【图28】
蓝瑛《法张僧繇白云红树图》轴
1659年
绢本设色
纵161.5厘米　横86厘米
中央美术学院美术馆藏

4. 蓝瑛是董其昌代笔人吗？

董其昌拥有一大批书画代笔人，启功考证出的名单就多达八人，其中并无蓝瑛。[27]但是蓝瑛作为围绕在董其昌身边的职业画家之一，不但风格受其影响，而且在多方面受惠于董氏，他为董其昌代笔作为回报的可能性很大，存世的一些董其昌款作品有可能出于蓝瑛之手。

有一套董其昌款《山水册》页六开（图29），画在金笺上，用笔显得繁密、快速而尖利，与董其昌简括、蕴藉的风格明显有别，特别是其中第四页，董其昌"自题"为"仿关仝笔"，实为仿倪瓒风格，一水两岸，近景空亭无人，但在并不像倪瓒风格的、颇具团块分量感的山形轮廓内，两头露锋的尖利皴笔层层搭接，构成了锋芒毕露甚至剑拔弩张的紧张感，正符合蓝瑛"健拔劲锐"的笔性，而与董其昌裹毫收锋的皴线大相径庭。另一套董其昌款《仿古山水册》页八开（上海博物馆藏），同样画在金笺上，大部分符合董其昌自己的特征，但其中一页"仿倪高士笔意"呈现出与上述仿倪画页同样的笔法特点，只是程度稍逊。这一共七幅画页皆有可能出于蓝瑛的代笔。立轴作品如董其昌《仿倪黄合作》轴（台北故宫博物院藏）亦出现较多尖利的勾提用笔，以及熟练的擦染，作于天启三年（1623），亦有可能是蓝瑛代笔。仔细研究应当还不止此数。

总之，董其昌对蓝瑛的影响全面、深入而持久，究其原因，松江一带的职业画家大多社会地位不高、艺术资源有限，身边有董其昌这样一位在收藏、创作上具有巨大辐射力量的艺术导师，自不免翕然而从；而且董其昌总结的文人画家标准反映了晚明社会中上层的普遍观念，蓝瑛按照这一标准塑造自我形象，有利于开拓和维护自己的市场。

三、蓝瑛画风与市场的关系

职业画家不能不俯仰于市场的喜好与动向。蓝瑛的顾客群体主要是南京一带和浙江北部、中部的官员、乡绅和富裕市民，因而必须兼顾富裕市民趋俗的喜好和文人士大夫尚雅的趣味。蓝瑛几乎每画必题，经常像文人画一样记录时间地点，有时还题诗赋文，很少使用穷款，说明购买者有一定文化层次；但上款人大多难以考证，说明他们的社会地位与名望有限；题识通常只是画家自言自语，极少有同时代或稍晚的题跋唱和，又表明大部分作品并非上层官宦、文化名流的收藏品。晚明富裕市民推崇技术性和写实效果，喜好较为直白、外露的艺术语言，蓝瑛雄强外露的风格正好满足他们的视觉欣赏需求。对士大夫阶层的主顾，蓝瑛以文人画的题材内容和反复强调的“仿古”迎合他们的评价标准。对俗雅两面的迎合还表现在以下诸端：

1. 趋俗：形制、变形画风与隶书题识

明清绘画最常见的几种形制——屏风、挂轴、册页、折扇、手卷，作为展示方式，其公共性递减，而私人性渐增。今天的挂轴在明代有一部分曾经是座屏；即使作为挂轴，有的被长期张挂，有的观后即收；今天的成组画页（包括扇页）在明代有时被装裱于围屏（多曲屏风）上；手卷则只能在独处或雅集中观赏，随开随收，展示范围最小。蓝瑛现存作品最常见的形制是尺幅巨大的挂轴，其次为册页，再次为折扇，手卷最少，说明其作品大部分持有者重视展示与装饰效果远甚于收藏。孔尚任收藏的蓝瑛作

[27] 启功：《董其昌书画代笔人考》，《启功丛稿》论文卷，中华书局，1999年，页184—200。

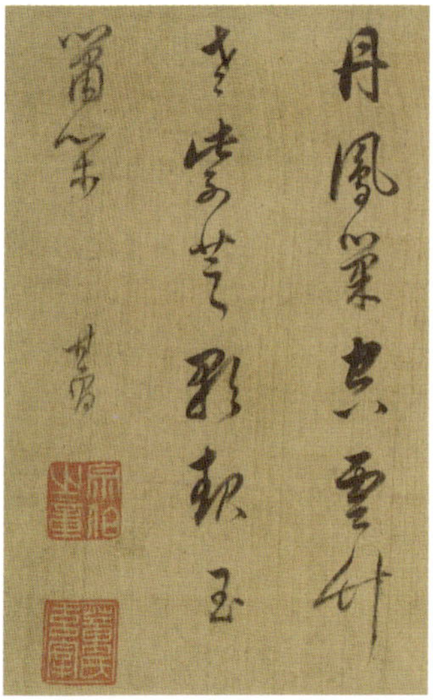

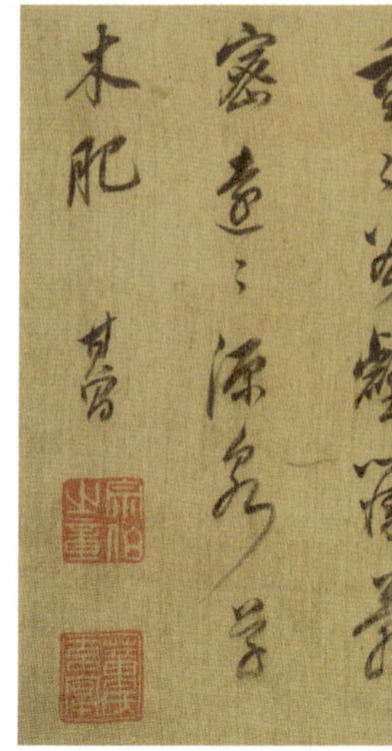

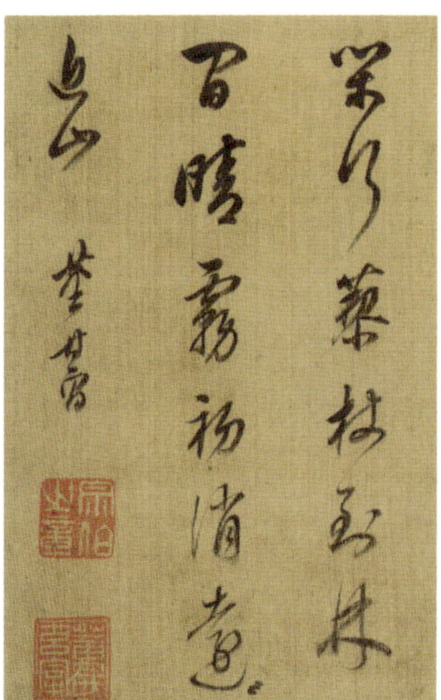

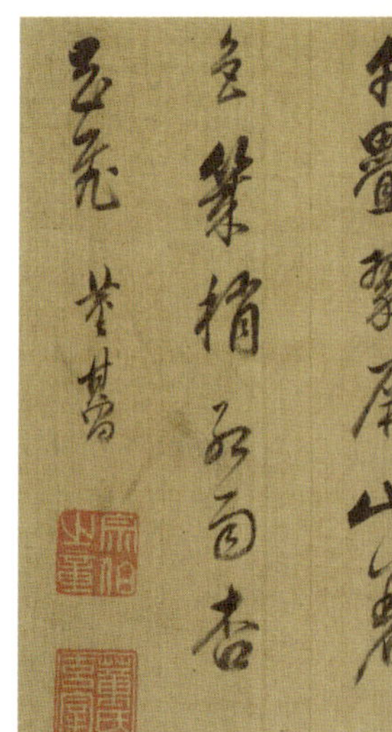

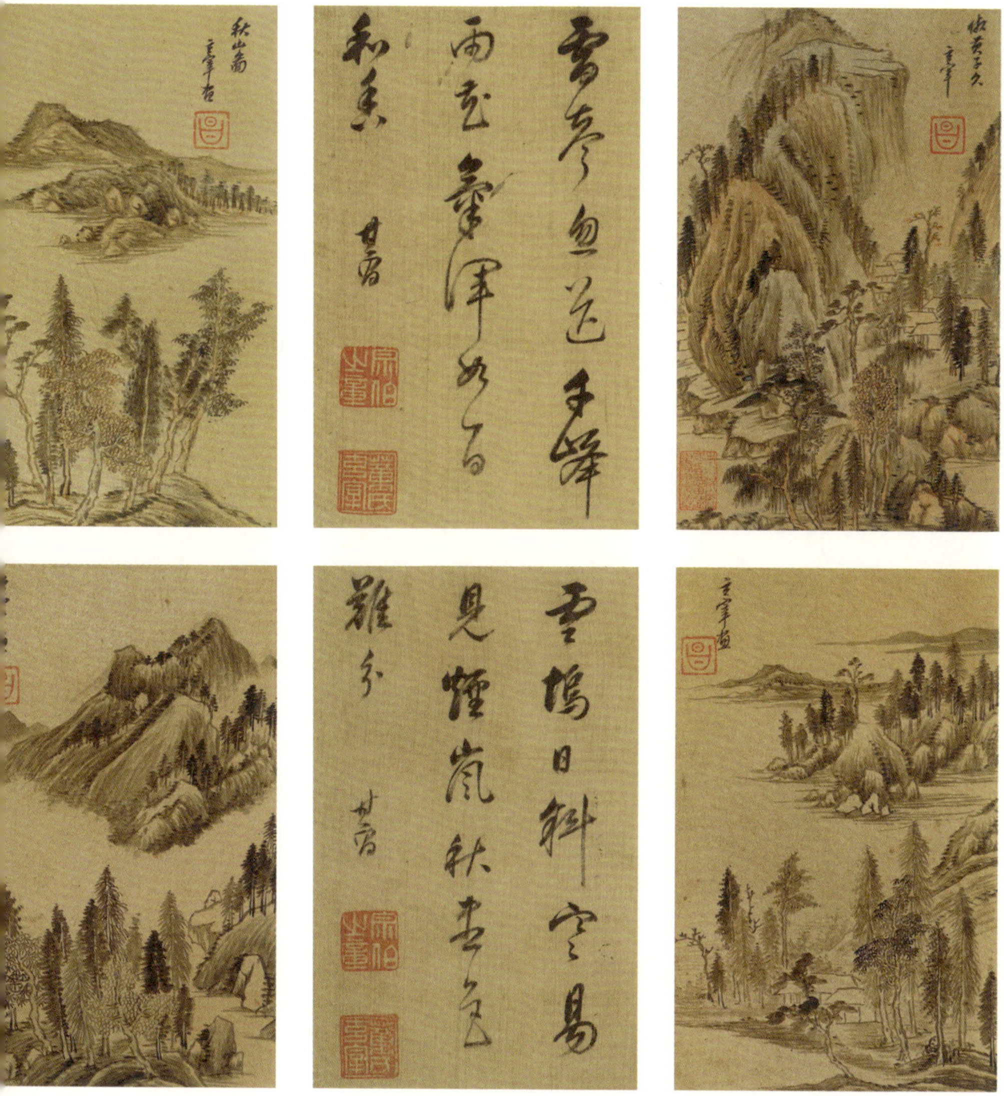

【图29】 董其昌款《山水册》页　金笺设色　尺寸、藏处不详

品包括两件小轴、一件手卷，[28]皆是适合书斋雅玩的形制。但这些形制在蓝瑛画中占比不多。

蓝瑛的立轴画材质以绢本为主，宽大者可能原为座屏，狭长者可能原来即为挂轴，也可能是组屏中的一幅，即后来的屏条。《桃花扇·题画》中，杨龙友问蓝瑛的《桃源图》“替哪家画的”，蓝瑛答：“大锦衣张瑶星先生，新修起松风阁，要裱做照屏的。”[29]“照屏”就是座屏，虽是台词，却很真实。在纸质挂轴已成主流的时代，蓝瑛仍固守绢质传统，当是制作屏风的习惯使然。或可猜想蓝瑛所作屏风应当极多，有些已经损毁。顺治七年（庚寅，1650）夏在嘉兴所作的巨制《山水十二幅》（香港至乐楼藏）很可能是为东主李知府所作的屏风画，材质比较特殊，是金笺纸，与人等高，装裱在屏风上的效果极其华丽。

在立轴画中尤其值得注意的是丈二匹大画。晚明流行丈二匹连绵大草和丈二匹山水画，创作者有著名书家米万钟、张瑞图、黄道周、王铎、傅山，画家谢时臣、吴彬、盛茂烨等人，而巨幅作品最多的画家正是蓝瑛，如《华岳高秋图》轴（上海博物馆藏）高达311厘米，《秋壑飞泉图》轴（吉林省博物馆藏）更是高达389厘米。

丈二匹字画极具装饰性和视觉冲击力，最为直观地表现了晚明时代性格的张扬，对作者的技巧和熟练程度要求很高。丈二匹字画悬挂的位置是客厅山墙最高处，建筑本身必须格外高大。明初制定的房舍等级制度在明末早已被突破，[30]商人暴发户的住房气派不亚于高官。所以丈二匹字画的陈示，带有双重炫耀性质：作者炫耀字画技巧精熟，主人则通过居室之高大气派，炫耀自己的财势。蓝瑛的顾客中既然缺乏高官，那么这些丈二匹大画的购买者自然是以商人暴发户为主了。

明末清初山水、人物画中存在一股奇古变形的潮流，是晚明画家个性意识与市民文艺结合产生的果实，现代学者称之为“变形主义”。蓝瑛曾被列入“变形主义画家”名单，[31]现在看来比较牵强。[32]变形主义的共同特征是装饰化，用笔凝重缓慢，造型圆转，气质高古典雅，蓝瑛则笔速很快，山石线条与造型多见方折，气质霸悍，与“变形主义”大相径庭。不过蓝瑛在空间营造上受到“变形主义”的影响很是明显，这是他作为职业画家的市场敏感的反映。与蓝瑛关系在师友之间的陈洪绶中年时即以“高古奇骇”的风格卓立于画坛，求画者接踵而至，这对蓝瑛不可能没有触动。但陈洪绶所长在于人物仕女画，山水方面他不能给蓝瑛多少启示和帮助。蓝瑛的山水画要吸收变形风格，还得另觅他途。

明末（1641—1645）的几年间，蓝瑛在南京、扬州一带活动，可能认识吴彬（1570左右—1643，图30），并受到南京流行的变形主义画风（主

[28] 孔尚任《享金簿》记载蓝瑛作品三件，分别是《渔乐图》小轴（1659）、《秋山访友图》小轴（1656）、《菊竹秋兰》卷，蓝瑛是孔氏收藏中作品较多的一位画家，《美术丛书》第一册，页428。

[29]《桃花扇》，页186。

[30] 洪武二十六年（1393）规定，庶民所居房屋，不得超过三间五架，不许用斗拱及彩色装饰。正统十二年（1447）重申此令，但有所放松，只限制间数（面阔），而不限制架数（高度）。见清张廷玉等：《明史》卷六八，志四四“舆服四”，中华书局，1974年，页1672。明末清溪道人（方汝浩）所撰《禅真后史》第三三回说到某边商的房子“中间五间彩画高楼，随后腰墙内又是五间大厅”，转引自陈宝良：《明代社会生活史》，中国社会科学出版社，2004年，页328。

[31] 台北故宫博物院1977年举办“晚明变形主义画家作品展”并出版同名图录，展出丁云鹏、吴彬、蓝瑛、陈洪绶、崔子忠五家的绘画，书中的论文《明末画家变形观念之兴起》论述了由晚明尚“奇”求“怪”观念到“晚明变形主义”的学术提炼过程。《晚明变形主义画家作品展》，台北故宫博物院，1977年，页1—13。

[32] 较为合理的“变形主义画家”名单应为：李士达、吴彬、丁云鹏、陈洪绶、崔子忠、萧云从、法若真。至于蓝瑛、龚贤、傅山、梅清、梅庚等皆可视为变形主义影响下的外围画家。

【图30】
吴彬《千岩万壑图》轴
绫本设色
纵170.5厘米　46.7厘米
故宫博物院藏

要是丁云鹏和吴彬的画风）影响。正是在这段时间，蓝瑛的作品中出现了变形主义因素，线条、皴法趋向短、碎，山体的结构也出现了繁复堆叠的倾向，空间感明显减弱。这似乎是将吴彬画中如云朵翻腾的山体做了解构处理而成的，事实上变形主义诸家中也只有吴彬的画风方圆兼备，给蓝瑛提供了改造的可能性。从明朝灭亡那年开始，蓝瑛画风中已经包含了以下变形因素：极度拉长的半边式构图，山体巍峨雄伟、绵延一体又平面化，由棱角分明的几何体组成，有的山石轮廓线短小、破碎、躁动，行笔快速，以侧锋皴擦，以破笔点苔，树枝屈曲苍老。

蓝瑛作品中另一个引人注目的特点是用隶书写立轴画题目和部分册页对题，其中还夹杂不少异体字，这种做法在晚明职业画家中相当流行，它所追随的表面上是文人的高深学问和复古取向，实际上则是尚“奇”求“怪”的时风流俗，满足文化层次不高的受画人的精英想象。如《华岳高秋图》（壬辰）画题四字中有三字故作奇特：“华”写作通借字“花”，“岳”字用古体，“秋”字用异体结构；《澄怀观道图》册中仿范宽一页对题自书诗，“雪”“寒”等字用古体，“有”“西”等字用篆书写法，“团”字用异体俗写。如此例子不一而足。

2．尚雅：赏石入画

石头是蓝瑛最喜欢画的题材之一，除了传统的文人画题材枯木竹石，他还绘制了大量专门的作品来表现陈设石、赏玩石，如《奇石图》册页八开（北京市工艺品进出口公司藏）、《拳石折枝花卉图册》页二十开（故宫博物院藏）、《灵璧图》扇面（四川博物院藏）、《荷石图》轴（四川博物院藏，图31）、《灵芝拳石图》（嘉兴市博物馆藏）、《宝祠、青贡二石图》（浙江省博物馆藏）、《直友图》（天津博物馆藏）、《红友图》（美国纽约大都会艺术博物馆藏）等。他晚年还在杭州城内外作了一些湖石壁画，为友人钱封之父、画家钱士璋位于东城狭小的自余轩旁素壁上画“奇石数峰，嵚崎历落”，石旁种竹数株，竹石掩映，真伪难辨；又在城东北艮山门外因果寺（又名月居庵）庭院壁上画石，与池水悬瀑相映。[33]它们的立意都是替代真石陈设庭园。

中国赏石文化兴起于六朝，到宋代已形成了一套研究、品评的独特标准，明末达到顶峰。明末四大书家之一米万钟（1570—1628）是最著名的赏石大家，自称“石隐”，取号友石。吴彬曾为米万钟作《岩壑奇姿图》（又称《十面灵璧图》，图32），表现米万钟收藏的一块灵璧石“非非石”十面不同的形态，充分展示了明末文人对案头奇石爱玩入癖的风气。[34]此类画石之作在明末极为流行，是文人士大夫中流行的赏石文化的图像记录。身为职业画家的蓝瑛大量画赏石图，除了完成大批订件，更能够直观地显示自己与文人趣味之同一性，从而为山水画赢得更多的市场机会。《奇石图》册页八开中有一开画石上有蓝瑛自题，体现了他对当时赏石活动的参与：

> 好石不独米家。余见南唐李后主藏石，一名蓬西泰华，一名玄云，咸有后主鉴赏之镌款，继有宋元诸名家镂得之款，遂唐宋元画家各有画石流世，蓝瑛拟其法也。

蓝瑛对赏石的了解很可能来自孙克弘。松江是晚明赏石文化的地域中

[33] 厉鹗：《东城杂记》卷下，页三七，《武林掌故丛编》第六集，广陵书社，影印本第三册，页1755；翟灏：《艮山杂记》卷二，页一二引《棲禅集》《过月居庵题蓝田叔画壁》诗，《武林掌故丛编》第二一集，影印本第一〇册，页6524。

[34] 此图曾于1989年参加纽约苏富比拍卖，今藏美国私人处。

【图31】

蓝瑛《荷石图》轴　1656年

纸本淡设色

纵145.5厘米　横64.3厘米

四川博物院藏

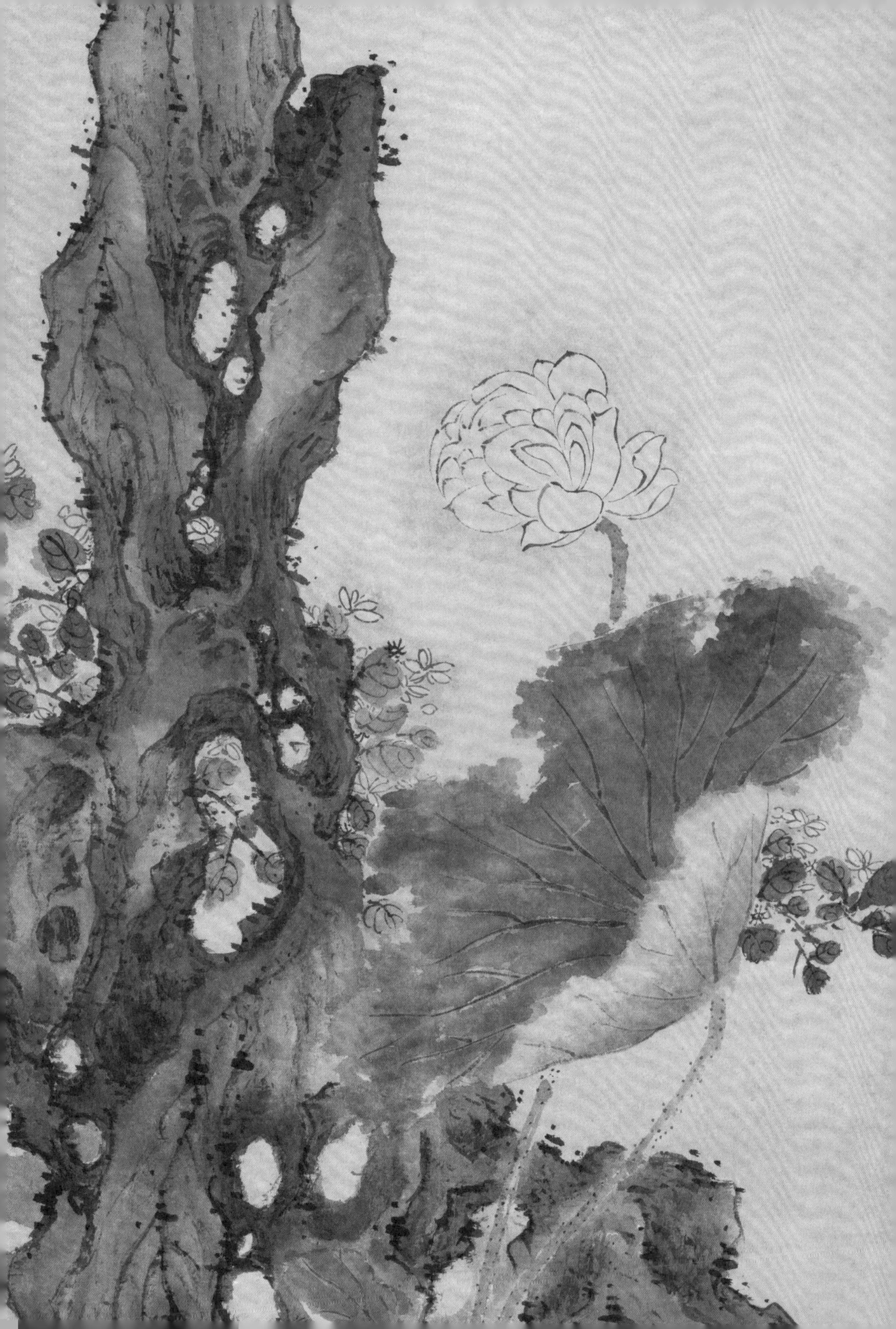

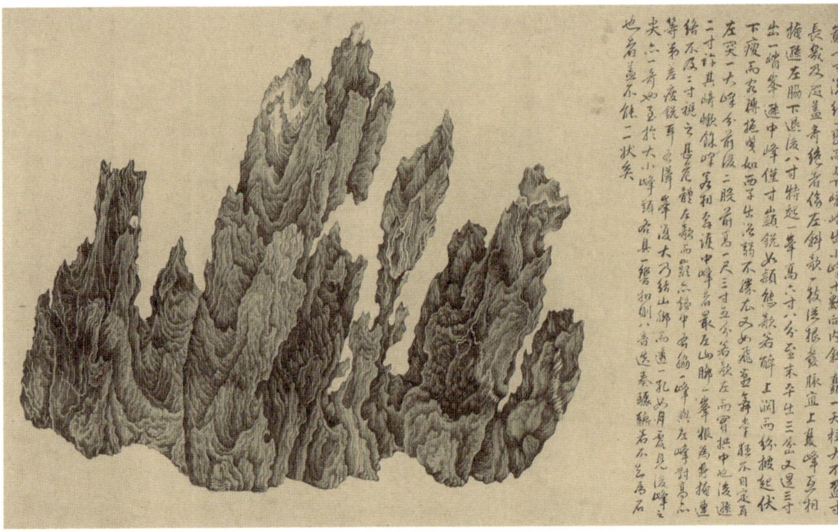

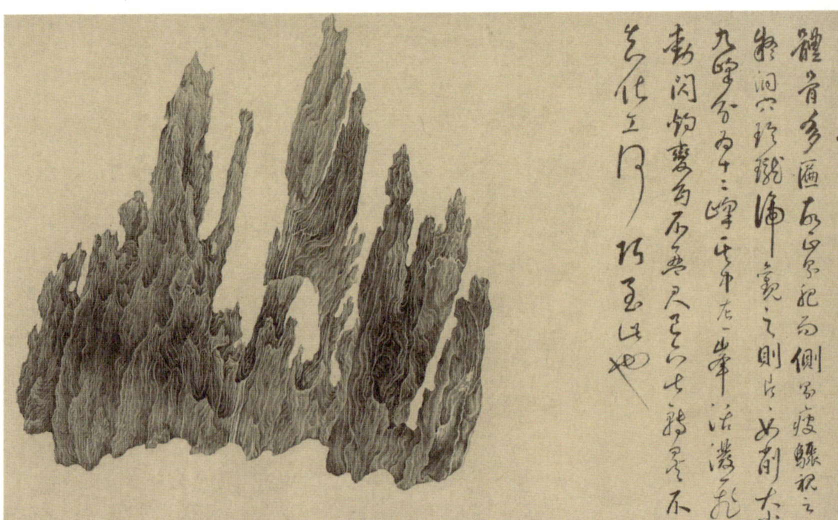

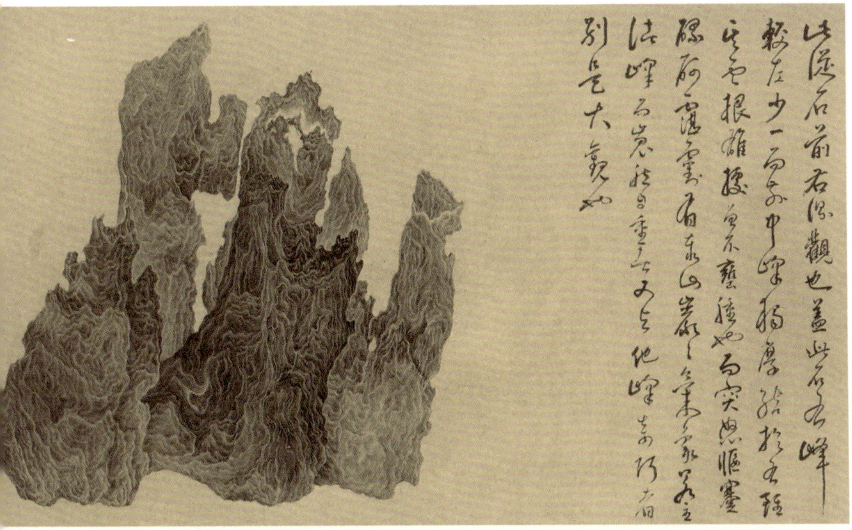

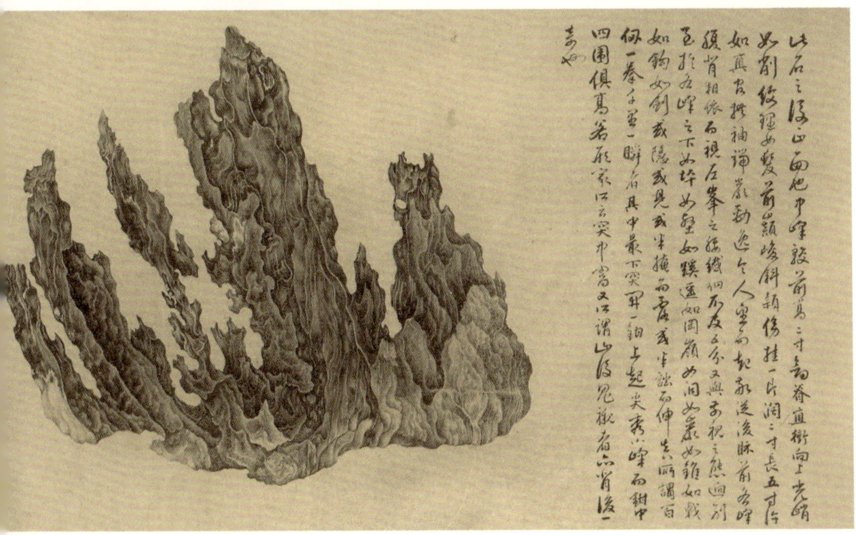

【图32】

吴彬《岩壑奇姿图》卷（四个角度的局部）

1610年　纸本水墨

纵55厘米　横945厘米

私人藏

心，松江人林有麟《素园石谱》（1613）为赏石文化集大成之作。松江士大夫孙克弘、莫是龙、董其昌、陈继儒等人的赏石之癖都不亚于米万钟，[35]他们不但玩石、供石，还画石。[36]孙克弘免官归里后的四十年都在治园、收藏、宴客、作画的风雅生活中度过，“辇奇石，置庭除，环列鼎彝金石、法书名画”。[37]陈继儒（1558—1639）《书画金汤》所列赏玩书画的“善趣”亦有“与奇石鼎彝相傍”。[38]孙克弘曾绘有《云林石谱图》卷（上海博物馆藏），董其昌也曾题过孙克弘画石图卷，[39]今藏首都博物馆的孙克弘一件长卷作品《芸窗清玩图》卷（图33）中画有案头清玩的盆石。蓝瑛曾在孙克弘门下生活、创作，耳濡目染，对赏石并不陌生。但他画石大量出现于中晚年，风格与孙克弘亦不相似。更合理的解释是，孙克弘只是让蓝瑛开始了解赏石文化，至于画石，则是蓝瑛后来为了向文人士大夫靠拢而有意选择的。

蓝瑛画石作品中多次出现米万钟旧藏石。如现藏北京故宫博物院的《拳石折枝花卉册》页二十开，其中有十开画案头掌上赏玩之石，自题“丁酉花朝画得米家藏石，并画折枝，计廿页”，可知所画即米万钟旧藏石。丁酉为清顺治十四年（1657），蓝瑛七十三岁。此前一年所作《灵璧图》扇面（四川博物院藏）则自题：“丙申又五之望为仲儒老社翁画米家藏石之一。”这两件作品距米万钟去世已近三十年，这些拳石有的可能在米家后人手中，有的显然已经易主，但仍称为“米家藏石”以重身价。还有一件未系年款的作品《湖石图》卷亦自署“画于米山堂”，此画顾客的馆号“米山堂”很可能也是表明拥有米万钟旧藏石。从对“米家”的反复强调，可以看出明末赏石界以米万钟为圭臬的风气。

与《灵璧图》扇面同一年所作的《奇石图册》页八开中表现的石种

和画法较为丰富，《乱石惊涛》一页表现水中太湖石，浪涛的画法显然出自马远《水图》；《松树化石》题曰“深山古松万千年化而为石”，树桩的横截面用中锋画圆圈线表现年轮，运笔速度很快，有飞扬潇洒之致；还有一开标明是“昆山石”。《灵璧图》扇面、《拳石折枝花卉》册和《湖石图》卷中诸石则大多为灵璧石，色泽灰黑，多以淡墨染就，在造型与质感上都非常传神。其画法正如单国强所论：“勾皴染结合，用笔粗健苍劲，洗练凝重，墨色干湿相兼，层次丰富”，“使诸石呈现瘦骨嶙峋、空灵剔透、厚重清润、小巧玲珑等多种石韵，以及蹲、卧、俯、仰、屈、伸等各种奇姿，全面展示了奇石瘦、皱、透、漏、清、丑、顽、拙的艺术特色，此作在以形传神方面堪称奇石图中的佳构”。[40]吊诡的是，文人画家玩石的初衷是“道法自然”，由赏石而画石是因为“云峰石迹，迥出天机”，“笔意纵横，参乎造化”则是在写实的表象之下，追求抽象之美、书法之趣。蓝瑛求写实、求质感的创作思路，正好与之南辕北辙，也正好堕入董其昌等人批评过的“纵横习气”之

[35]参阅明陈继儒（传）《妮古录》卷三“灵碧县两岸奇石可爱”条、“子昂得灵璧石笔格”条、“莫廷韩有米海岳石”条，《美术丛书》第一册，页632右下、左下，页633右上；董其昌《画旨》卷上“昔人评石之奇”条，见《画论丛刊》上册，页七五。

[36]参阅单国强《赏石与中国绘画》，《故宫博物院院刊》1999年第2期，页39—46。

[37]《无声诗史》卷三，孙克弘小传，页五四—五五。

[38]见《美术丛书》第一册，页599。

[39]《画禅室随笔·评旧画》有《题孙汉阳画石卷》：“唐李德裕采天下怪石，聚之平泉别墅，遗诫后昆曰：‘有以平泉石轻予人者，非佳子弟也。’内一醒酒石，尤珍爱之，醉则踞焉。今汉阳之宝石似不少逊，而画石疑较胜。唐诗云：‘寒姿数片奇突兀，会作秋江秋水骨。’又云：‘雪尽身还瘦，云生势不孤。’此颇足以状石。”见《艺林名著丛刊》，中国书店，1983年，页57。

[40]前揭《赏石与中国绘画》，页42—43。

雪居仿隸古
大明萬曆癸巳秋日寫于
敲漫堂中 雪居克弘

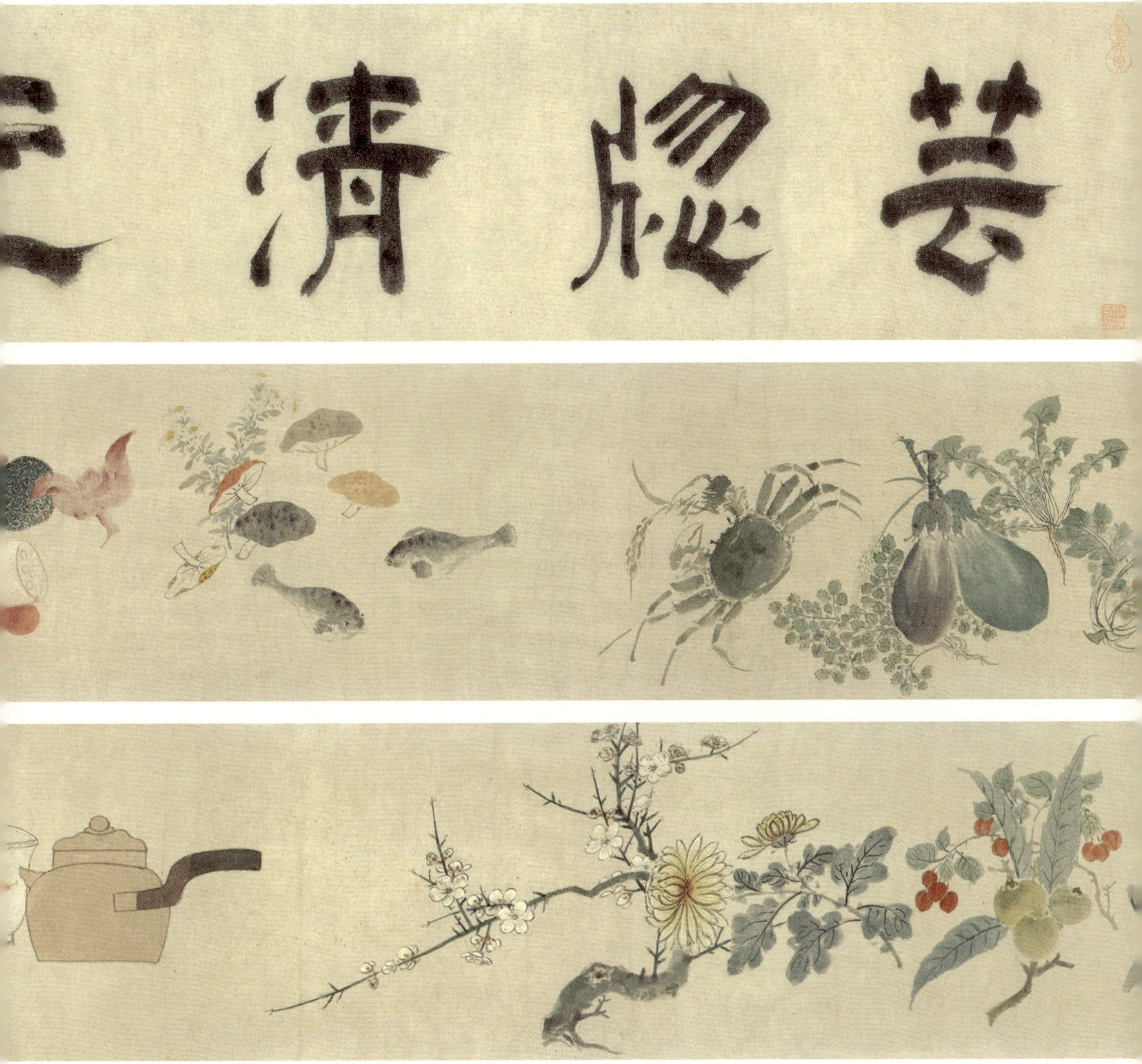

【图33】
孙克弘《芸窗清玩图》卷
1593年　纸本设色
纵20.2厘米　横318.5厘米
首都博物馆藏

中。[41]蓝瑛尽力使自己像一个文人画家，是为了使自己的画被更广泛的市场（尤其是文人士大夫）所接受。但他终究不是一个文人画家，从创作思想到手法都像一个外人。于是，除了得到董其昌、陈继儒的一些客套性称赞，蓝瑛基本上没有能够进入这个圈子。

相形之下，《荷石图》的造型和用笔都更为秀丽清雅，将折枝式的荷花荷叶和装饰性的湖石放在一起构成较大的画面，这一创意似乎受到陈洪绶类似作品的影响（图34）。

前文已经说过蓝瑛“行万里路”之不足信，从蓝瑛对赏石的爱好与描绘，还可以作出一个推论，即他的山水画灵感很大一部分来自赏石，将玲珑清透、变化无穷的赏石放大成为丘壑，其实是南宋和元明清山水画的一个重要特征，与晚唐、北宋山水画的“法乎自然”迥异其趣。山水画艺术的案头化、想象化，稍晚于赏石文化的成熟，其中联系，耐人寻味，这是另一个大题目。就蓝瑛这个例子来说，他有限的观览范围、传统资源与画中变幻无穷的丘壑呈现出的矛盾、他从孙克弘等人受到的影响、他对赏石题材绘画的热衷，已经足以证明赏石是他重要的灵感来源。

[41]《画禅室随笔·画源》中著名的“禅家有南北二宗”一段有云：“要之摩诘所谓云峰石迹，迥出天机，笔意纵横，参乎造化者……”又云：“吴仲圭大有神气，黄子久特妙风格，王叔明奄有前规，而三家未洗纵横习气，独云林古淡天然，米痴后一人而已。”（《艺林名著丛刊》，页43、页44）；董其昌（一说莫是龙）《画说》：“倪迂……无画史纵横习气。……纵横习气，即黄子久未断。”（《画论丛刊》上卷，页六八）此处“纵横习气”并非指明代院体浙派的放纵写意画法，而是指技巧性、装饰性的宋画残余。

【图34】
陈洪绶《莲石图》轴
纸本水墨
纵151.9厘米　横62厘米
上海博物馆藏

肆　蓝瑛的传承与影响

一、子弟与门人

蓝瑛晚年在杭州卖画授徒，影响日趋广泛。当时与他齐名的杭州职业画家孙杕，也有全面而丰富的绘画技能，风格苍劲，亦能诗、能写隶书，可惜一子早夭，门墙冷落；而蓝瑛的儿子蓝孟不但读书成为庠生（秀才），而且画风深得乃父三昧，又开枝散叶，下一代各自读书学画有成，蓝瑛晚年有儿孙绕膝之乐。另外，弟子和再传弟子、私淑弟子人数众多，各有所成，加上多位技能精湛的合作者，使得晚年蓝瑛成为杭州职业画家群体的领袖人物，时有“武林派”之称。

1．子孙：蓝孟、蓝深、蓝涛和蓝洄

能传承蓝瑛画艺的子孙包括子蓝孟，孙蓝深、蓝涛，族孙蓝洄。

蓝孟，字次公、亦舆，号东野，钱塘庠生（亦称廪生，秀才优异者食廪，即享有国家补助）。“善画山水，摹仿宋元，无不精妙”[1]，秀才并无出仕资格，他恐怕还要以卖画为生，存世作品不少，形制主要是绢本巨幛大轴和纸本仿古册页，表明他的交往、卖画对象和蓝瑛差不多，家族社会地位并无明显上升。蓝孟的纪年作品从明崇祯十六年（1643）延续到清康熙十年（1671），推测他生于1610年左右，卒于17世纪70年代中后期。

他的代表作品有《仿古山水册》页八开（图35）、《桃源渔隐图》轴（清华大学艺术博物馆藏）、《洞天春霭图》轴（图36）、《晴峦暖翠图》轴（无锡博物院藏）、《仿古山水册》页十二开（上海博物馆藏）、《仿王蒙溪山深秀图》轴（故宫博物院藏）、《仿黄公望天池石壁图》轴（故宫博物院藏）、《摹天池石壁图》轴（山东省博物馆藏）、《乔岳高秋图》轴（广西壮族自治区博物馆藏）、《春湖横笛图》轴（天津博物馆藏）、《秋岭遐徵图》（山西博物院藏）等，在选题、立意上与蓝瑛一脉相承，但在丘壑布置、空间处理、树石造型上只取蓝瑛的早期和中期风格，构图饱满匀称，空间变化细腻，用笔较为柔和，繁简多取折中，追求更加令人愉悦的视觉效果，而摒弃了蓝瑛晚期那种过于风格化的手法，所以《图绘宝鉴续纂》说他“运笔虽不遒劲，而丘壑松脆，如冰梨雪藕，见之唇吻俱爽”[2]。“丘壑松脆，如冰梨雪藕”的描写令人想起陆治和文伯仁用短折线堆叠的风格，蓝孟的笔法虽然不同于此二人，但整体效果上确实在向吴门原型回归。他的山水设色也同样只取传统的浅绛和淡青绿

[1]《图绘宝鉴续纂》卷二，页四一。
[2] 同上。

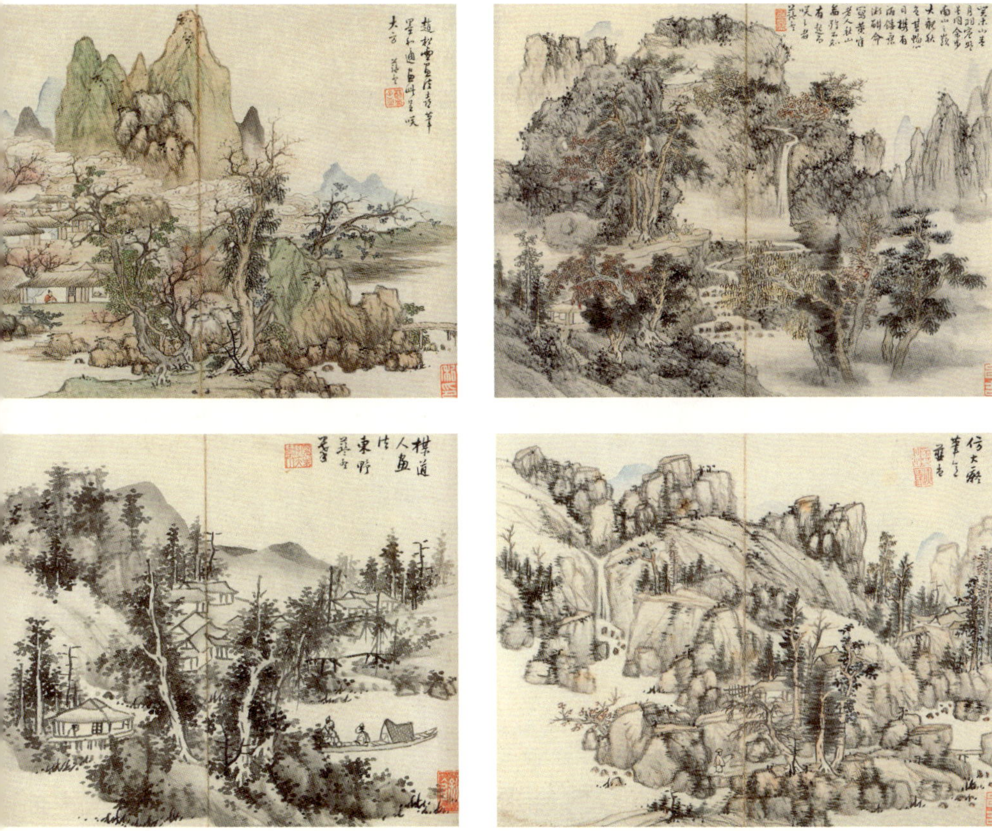

【图35】

蓝孟《仿古山水册》页

1643年

纸本设色

纵25.2厘米　横32厘米

上海博物馆藏

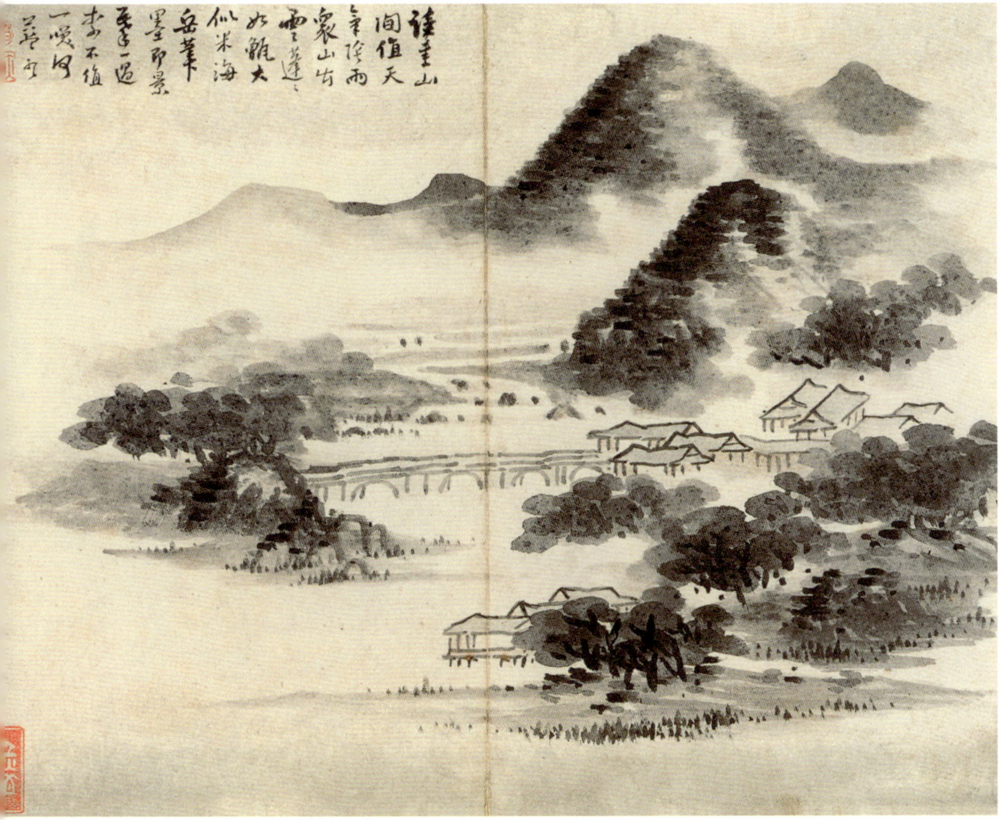

I

1

【图36】
蓝孟《洞天春霭图》轴
1663年　绢本设色
173.9厘米　92.5厘米
浙江省博物馆藏

技法，如《桃源渔隐图》轴和《洞天春霭图》轴，而未画过蓝瑛独创的重青绿，较重的设色只见于花卉画，也只是偶一为之，如《玉堂牡丹图》轴（无锡博物院藏）。

蓝深为蓝孟长子，字谢青，亦为钱塘庠生，虽然善写“时文”（八股文），却没能取得更高的功名，秀才也就成了蓝氏家族达到的最高科举层级。蓝深能画山水，虽得祖父之传，但吸收了不少文人画（尤其是当时流行的王翚画风）特征，画风更为清雅秀润和纤巧，蓝瑛风格的重要特征——笔力的雄健、气魄的宏大——在蓝深笔下已呈衰减之势。如《观海图》卷（1689年，浙江省博物馆藏）画出细致的水纹，《荷塘濯足图》轴（天津博物馆藏）画复水重汀，景致细密，很接近王翚“虞山派”的面貌。他也兼能花鸟画，如《秋禽图》轴、《花卉》四条屏（皆为故宫博物院藏），但仍以山水为主，代表作品还有《仿宋元山水册》页八开（山西博物院藏）、《白云绮树图》轴（日本京都国立博物馆藏）、《秋水清音、碧嶂春晖图》对幅（日本小幡醇一藏）等，《雷峰夕照图》轴（浙江省博物馆藏）、《西湖游艇图》轴（天津市文物公司藏）等作品取材于家乡景色，但手法还是程式化、风格化的，与明代后期吴门派、清初金陵派及清中期京江派所构成的“实景山水”发展理路近似。

而最饶有意味的作品则是他与禹之鼎合作的《云林同调图》卷（图37）。此图由禹之鼎画清初官僚收藏家高士奇（1645—1703）、苍林禅师（释常岫，浙江黄岩人）和蓝深三人肖像，蓝深补景，人物处在林泉乐志的环境中，表达高士奇与苍林的归隐之约。

蓝深与高士奇自青年时期就相识相交，年龄应当相差不远，蓝深的纪年作品有晚至康熙二十八年（1689）的，由此可以推测蓝深的在世时间与

余自康熙甲辰来京師乙巳僦居城北濤
古寺日夕手一編坐松樹下不向主人也
经歳餘識沙門蒼林志行高潔深禪理而
口不言禪经課ミ暇作詩自娱不求人知
余既閒居寡儔侶游歳月世故窮達無所

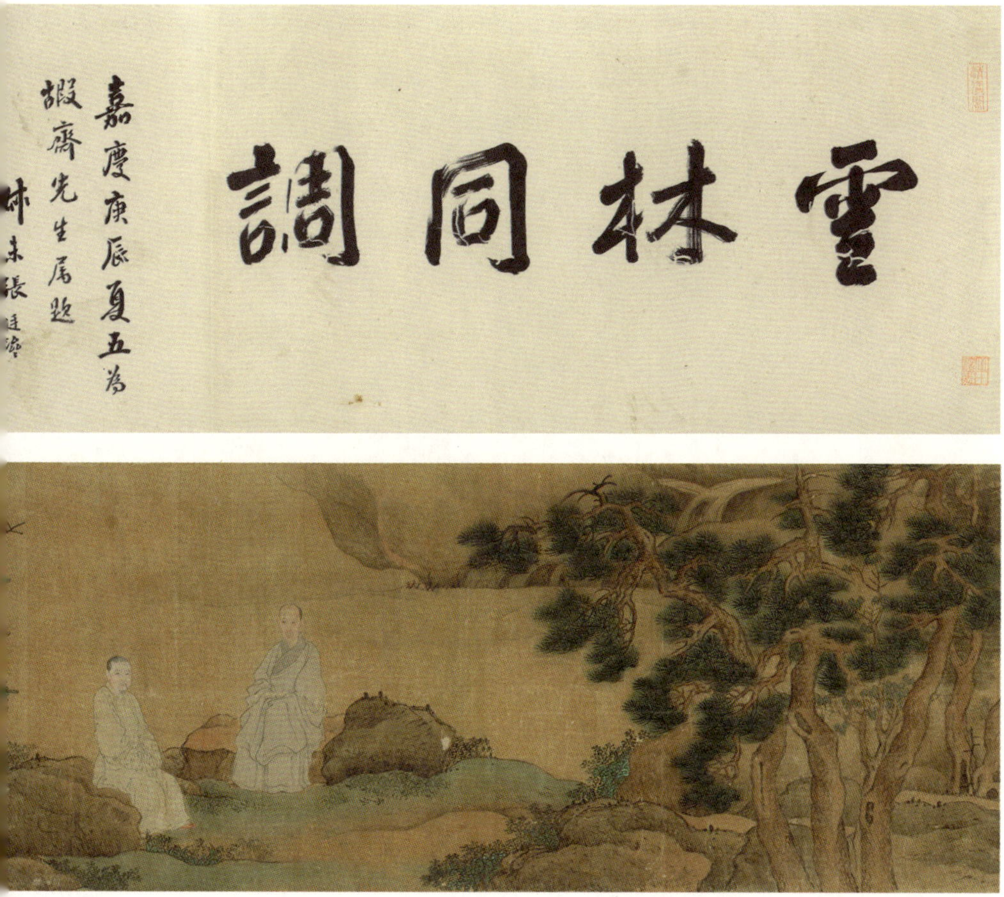

【图37】
禹之鼎、蓝深《云林同调图》卷
绢本设色
纵35.4厘米　横192厘米
浙江省博物馆藏

I

高士奇相近。他们与晚明的陈洪绶一样，都以秀才身份入京谋取进身之阶。高士奇于康熙三年全家入都，经历了父亡、破产的变故，苦熬到康熙八年才进入国子监，两年后获康熙帝赏识，入翰林院，以诗歌和书法立足。康熙十三年（1674）春，高士奇曾寄诗蓝深索画，五月送蓝深归杭州。[3]蓝深入京较晚，有可能是听说友人高士奇入翰林院，也来谋求进取，也可能是自行入京后才与高士奇叙同乡之谊，总之二人交情不如高士奇与苍林之间的情谊。

康熙二十二年（1683），高士奇受宠达到顶点，侍君不离须臾，年末被特擢为日讲起居注官，次年康熙帝首次南巡，至吴门折返，高士奇扈从，以未得一归武林为恨。这期间他的倦宦之心、林泉之志也日益浓厚，在这两年分别请朝中的士大夫画家高层云和严绳孙为其画《江村草堂图》，还请禹之鼎为其画《蔬香图》（应当也是行乐图），遍请同僚题跋。这些作品似乎有三种功能：一是宣泄心中积郁，二是表示无政治野心，三是加强社交（卷后往往有许多题诗）。康熙二十三年（1684）所作《云林同调图》却有所不同，高士奇在卷后写了散文体的长题《云林同调图记》（而非更具社交功能的诗歌体），叙述了自己与苍林的贫贱之交，以及发达之前曾立下的山林退隐之约，那时苍林就说当取唐代孟浩然“喧寂虽殊途，云林本同调”句图之以见志。

画《云林同调图》时，禹之鼎在京，苍林和蓝深应当也在北京，这是蓝深的第二次北京之行。在此前后，他通过高士奇的关系与京城士大夫们有一些笔砚之交，如与严绳孙等作诗画合璧《西湖十景册》页（台北故宫博物院藏），但在自己的前程方面仍然一无所获。高士奇对蓝瑛的画是很欣赏的，曾在一开蓝瑛山水小页（辽宁省博物馆藏）对幅题写道：“余自髫年即喜书画，力不能购古人，每得同乡前辈小幅，辄藏之书簏中，时一披阅。丙午丁未，乞米都门，旋皆散失，惟章侯、田叔、叔宪（按：指刘度）小画，最所珍惜，至今尚存。比来年齿渐老，恐子孙忽视，装为小册，题曰《幼学所藏》，列之案头，如与老友周旋。”但蓝深显然不能继承乃祖的艺术地位，《云林同调图记》对本卷画家兼画中人之一的蓝深其人，竟然不着一字，有一句“维扬禹君之鼎以传神名都下，欣然图我两人于茂松清溪间”尤为耐人寻味，这是他与苍林“两人”的林泉之约，通过禹之鼎的画笔传神，与画出“茂松清溪”云林环境的蓝深却了无关系。也许这时蓝深正在到处奔走以求进取，确实不是那“两人”的“云林同调”，但更为重要的是在高士奇内心深处，蓝深始终只是一个画师世家的传人，而不是他的声气相求之友。他出现在画中，大概是高士奇碍于情面不愿否决某人（很可能是蓝深自己）将蓝深画入画中的提议，但蓝深对高士奇来说终究只是窜入布景的一个路人而已。

蓝涛为蓝孟次子，字雪萍（坪），也善画，纪年作品集中于17世纪晚期，其活动时代可能延续到18世纪初。他的山水画传承家学，如《春深雨露图》（天津博物馆藏）就是家传本色风格，并用隶书写画题。与其他蓝氏传人不同，他更善于画花鸟画，有《花鸟》轴、《花鸟》四条屏（皆为浙江省博物馆藏）、《蔷薇白头鸟图》轴（故宫博物院藏）、《秋园芳色图》（扬州市文物商店藏）等，这些花鸟画风格细腻、典雅，与蓝瑛本色相去较远，而接近当时流行的恽寿平“常州派”。此外他还以画“细致小景”知名，[4]将山水与花鸟融合起来，如《杂画册》页八开（图38），

[3] 清高士奇《城北集》卷六《柬谢青索画》《送蓝谢青》，清康熙高氏朗润堂刻本。

[4]《图绘宝鉴续纂》卷二，页四九。

【图38】
蓝涛《杂画册》页八开
绢本设色
纵34厘米　横25厘米
江西省博物馆藏

水塘秋晓

I

I

I

I

黄濟偶写

雪砰濤製

分别描绘芦雁、秋虫、猫蝶、山水、花卉、游鱼、婴戏、牧牛等，用笔工细、设色明丽，题材上的全能反映了蓝氏的家学，而在风格与情调上，包括蓝涛的书法，已经完全进入恽寿平的规范，进一步显示江苏画坛对“武林派”后学的同化。他收藏有文徵明的细笔山水，如文氏画在金笺上的《兰亭修禊图》卷（故宫博物院藏），上有“雪坪心赏”收藏印，“细文”的风格与蓝涛的艺术个性颇为契合。

蓝洄，字青文，可能是蓝瑛的族孙，能画山水，据记载他学蓝瑛晚年之笔，[5]即构图纵长、空间平面、丘壑变形破碎、用笔粗硬方刚的面貌，极为风格化，但未见作品行世。传世的蓝瑛作品有一部分风格特征突出，但空间结构不尽合理，用笔水平也显得逊色，倒有可能是蓝洄所作，被伪题或改款为蓝瑛作。

2. 艺术家族的没落

蓝瑛的艺术传承三世，子孙的绘画水平也不低，但家族艺术的声势并不煊赫，武林派后来在画史上也很快湮没，个中原因引人深思。

蓝瑛身为职业画工，家世飘零，人丁单薄，居住在以移民为主的大城市杭州，虽然环境相对公平、开放，但所可倚仗者唯有自己的双手，只能拼命作画，故而创作量惊人。他一生志向在于淡化职业画家身份，获得文人士大夫认同，甚至跻身文人圈子。他用卖画得来的辛苦钱供子孙读书，使儿子、孙子都成为秀才。可惜并无一人举业有成，几代人都只有秀才身份，在清代已属泯然众人。“朝为田舍郎，暮登天子堂”的说法只是一种理想，仕宦家族几乎都要经过数代人上百年的积累，才能登上较高的社会阶层。蓝氏子孙在读书进取这条路上总体上看并不成功。这个家族的地位与状况，实际上和历史上众多职业画家家族近似。

蓝瑛子孙中多人、多代都传承蓝瑛的绘画艺术，水平下降并不明显，但他们又具有文人身份，很可能家族经济状况有所改善（置有产业），绘画不再是主要的谋生工具，只是在日常交游中起到辅助作用（如蓝深与高士奇的关系）或部分贴补家用，因而创作量大减，风格也较蓝瑛柔和了许多，但是他们的地位上升之路并不宽广，连画家也当得不尴不尬：既未能在职业画坛发扬光大蓝家的画风，也未在文人画坛建立起声誉，这个结果大概是蓝瑛没有想到的。从《图绘宝鉴续纂》记载的杭州画家群来看，武林派可以视为蓝瑛家族的放大版：除了历朝历代都有的以肖像画为主业的职业画家籍籍无名地活动着，有一定文化修养的画家大多在“文人”和“画家”身份之间依违，他们有机会读书甚至进学，至少可以参加一些文人的社交，绘画则用来辅助社交，或者贴补家用。杭州经济的发展、画家谋生难度和技术门槛的降低，使杭州养活了一大批三心二意的画家。雍正时期，从福建流寓而来的华喦，早早地放下了科举梦和文人身段，一心一意卖画谋生，就成了杭州画坛的第一人（虽然华喦被称为扬州画派早期画家，但他流寓期间住在杭州的时间远远多于住在扬州的时间）。

另一个更加深刻的原因，也是蓝瑛家族本身无法左右的社会原因是，蓝瑛祖孙三代生活的时代，科举和绘画两途都是人才济济，竞争激烈。在官本位的时代，科举成败对绘画声誉具有决定性的影响，董其昌正是在书画和仕途之间搞“资源集成”的高手，时人谑云：“今日生前画靠官，他日身后官靠画。”[6]如果富有文化修养而科举不利，转而将绘画视为“三

[5] 小传见《图绘宝鉴续纂》卷二，页五九。

[6] 传为陈继儒记载陆以宁语，出处未详。

不朽”之一——立言，倾注全力刻苦钻研，发展独特的个人风格，与古人争高下，也可以获得成功，陈洪绶就是一个例子。但上述两途的成功者都是天纵英才，都已经算很幸运的。科举成功者也未必就有如意的仕途可以帮助自己画坛成名，到了清中期，仕途的拥挤甚至使不少巍科进士放弃士大夫千余年来的成见，不再忌讳以画艺为皇帝服务，炼就一支笔，卖与帝王家，不分作文与作画。科举与绘画相辅相成，才能博取一份体面前程。因而清代宫廷中出现了许多词臣画家，乾隆时期尤其，康、雍时期的股肱之臣张廷玉、励杜讷，他们的子孙高中进士后尚不免于以画供奉，董邦达以进士出身担任宫廷画家，其子董诰更高中二甲一名进士（传胪），仍以宫廷画家为皇帝所用。[7]社会顶层尚且如此，蓝氏子孙靠着微不足道的秀才身份（秀才还没有取得做官资格）和三心二意的绘画活动，要在社会上层或者在画坛上打开一片天地，都几乎是不可能的，最后只能淹没于芸芸众生。

从人才数量、声势兴衰来看，中国历史上的绘画家族大致可以分为三种类型：

一是“群星灿烂型”，一个家族先后出现几位风格相似、技能相近的画家，成就和名气大小或有差别，但总体上形成较为整齐的群体，如明代文徵明家族、清初娄东王时敏家族、清代扬州“二袁”（袁江、袁耀父子，一说为叔侄）、晚清“海派”中的“二朱”（朱熊、朱偁兄弟）和“四任”（任熊、任薰、任颐、任预）。

二是“渐入佳境型”，起点已经不低，又经过几代积累，水平与影响逐渐登上新的高度，如宋代马氏家族，从北宋山西“佛像马家”到南宋宫廷最受宠的山水画家、中国绘画史上的标志性人物马远，历经四代积累（后来延续到马远之子马麟，号称“一门五代皆画手”），绘画题材与风格都有巨大改变。

三是“江河日下型”，先辈画名不著，甚至与绘画无关，开宗立派的大师横空出世，子孙水平相形见绌，难以超越，如蓝瑛家族、陈洪绶家族都属此类，提到这两个艺术家族的代表人物、最高成就，都集中在蓝瑛和陈洪绶两位开派大师身上，子孙人数不等，都只是勉强延续而已，在当时画坛上的影响和后来的艺术史地位都很有限。

3．其他传人与影响

蓝瑛传人中大多数是杭州及周边地区受其影响的山水画家，包括刘度、陈衡（字璇玉，《明画录》误作陈璇）、吴讷、苏谊、王奂、顾星、洪都等。与蓝瑛年龄相差不大的交谊在师友之间，如刘度、陈衡、吴讷；年龄相差较大的则为再传弟子或私淑弟子，如刘度的弟子滕芳，又如冯仙湜，从年岁上看未能亲炙于蓝瑛，当是再传弟子。这些画家中，刘度艺术成就较高，冯仙湜则是《图绘宝鉴续纂》的最终成书者，这两人对光大蓝瑛传派起了重要作用。

刘度，字叔宪（活动于崇祯初年至康熙初年），钱塘人。山水学蓝瑛，上溯北宋，学李郭派，丘壑景致备极生动，也能画仕女人物、临摹复制，号称仇英之后第一人。[8]其传世作品有《仿张僧繇白云红树图》轴（图39）、《雷峰夕照图》轴（浙江省博物馆藏），以及作于顺治五年戊子（1648）九月的《秋林觅句图》轴（浙江宁波天一阁博物馆藏）等，画风比蓝瑛细

［7］关于清代词臣画家的初步介绍，参阅拙著《皇舆揽胜——清代宫廷山水画》“清代宫廷山水的作者·词臣”部分，上海书画出版社，2006年。
［8］小传见《图绘宝鉴续纂》卷二，页一七。

【图39】
刘度《仿张僧繇白云红树图》轴
绢本设色
纵159厘米　横93厘米
山东省博物馆藏

致纤秀。前文曾提及，高士奇对题蓝瑛山水小页（辽宁省博物馆藏）中将刘度的画与陈洪绶、蓝瑛并列，都视为“同乡前辈小幅”中“最所珍惜”的。可见刘度的艺术水平和他当时在浙江的声誉，是不亚于陈、蓝二人的。

蓝瑛的艺术个性极为突出，其子孙和弟子、徒孙性格与才能各不相同，很难完整地继承他的风格，这使得“武林派”的整体发展呈一条下行曲线，开派大师蓝瑛是至高点，传承一二代之后，他的风格特征就迅速衰减，但武林画家整体上技能精熟，造型能力强，所以绘画水平不弱。顺治十一至十二年间（1654—1655）蓝瑛师徒合作《山水册》页十开（天津博物馆藏，图40）就体现出“武林派”风格特征的弱化趋势。作者包括蓝瑛（二开）、傅观（三开）、章谷、陈衡、章采、章声（二开）。蓝瑛以下诸人皆为其弟子或再传弟子，其中章声、章采是章谷之子。傅观的一开“法大痴笔”较为接近蓝瑛的苍劲风格，其余七开都较为精细，蓝瑛的风格元素逐渐减弱，与当时流行的吴门、松江、太仓山水画风有一定程度的融合。此册作于蓝瑛七十至七十一岁时，正是其创作力和影响力的高峰，但对徒子徒孙的影响仍然有相当的局限。

还有一些以人物画知名的地方画家也受过蓝瑛影响或与他有过合作。杭州从南宋以来就有深厚的肖像画传统，明清之际受到曾鲸影响，更是人才辈出，如谢彬、戴大有、吕学，以及谢彬的传人戴苍、戴蒨兄弟及戴苍之子戴梓（此戴氏一门与戴大有是否同族，尚待考证），多与蓝瑛保持合作关系。其实这些人物画家本身往往一专多能，人物山水、临摹仿古，皆有较高水平，但他们的人物画由蓝瑛补景则更受市场欢迎。在受到蓝瑛影响的画家中，成就最高的两位，恰恰都以人物画见长：一位是绍兴诸暨人陈洪绶，另一位是江苏邗江（今扬州）人，后来游艺京师、名动公卿的禹之鼎。

其实，蓝瑛明末在扬州留下的影响广及山水、人物和花鸟画各方面，并且到清代中后期仍有余绪，除了正面的师法，也表现在仿造作伪上。蓝瑛《古木文禽图》轴（南京博物院藏），虽然有文辞优美的自题诗和自书跋，塑造了优游岁月的文人画家蓝瑛形象，但书风画风都体现出清代华嵒的影响，当是清代中后期产于扬州一带的伪品。华嵒后来也成为经常被作伪的对象，而在华嵒画风流行的时期此画却伪托为蓝瑛所作，可见当时蓝瑛的影响。另有一幅《竹石图》扇面（南京博物院藏），竹叶形式近似李鱓、李方膺，石块形态近似郑板桥的作伪者谭子猷，用笔湿润臃肿，且多偏锋拖笔，书法亦与蓝瑛的典型面貌有明显差别，亦使用偏锋拖笔，貌似行书，但行笔慢而缺乏蓝瑛行书的跳跃感，这件扇面应当也是清代中后期扬州地区的伪作。

限于自身的社会地位和文化影响力，蓝瑛的交游未能扩展到社会上层，主要只能在画友、弟子中进行，他早期的代表作之一《为仲言作山水图》扇（上海博物馆藏）中的上款人“仲言”很可能是师从蓝瑛和孙杕的杭州画家吴讷。[9]而这些画友、弟子的艺术和社会影响力受到主客观条件制约，大都非常有限，对蓝瑛艺术史地位的提高缺乏助力。如前述出身士大夫的蓝瑛弟子周世臣在明亡后隐居家乡宜兴卖画为生，浙江地区另一位大师陈洪绶与蓝瑛的艺术关系较远，蓝瑛传派中人冯仙湜编纂了《图绘宝

[9] 小传见《图绘宝鉴续纂》卷二，页二六。

【图40】 蓝瑛、傅观、章声等《山水册》页 1654—1655年
绢本水墨或设色 纵36.5厘米 横25.7厘米 天津博物馆藏

I

法大痴筆

I

一

1

I

1

I

鉴续纂》为蓝瑛门墙张目，但可惜并没有改变蓝瑛作为地方画派领袖的形象，未能帮助他成为像文徵明一样的画坛宗师。

4．关于《图绘宝鉴续纂》

元人夏文彦《图绘宝鉴》是明清两代影响很大的纪传体绘画通史，明代收藏家和画家对宋元画家的知识大多来自此书。明人屡有续编，多佚失，[10]清初有一种续编与夏文彦原书合刊，虽然版本粗劣却流传至今，编者署名中包含蓝瑛和谢彬，清代《佩文斋书画谱》将这三卷续编称为《图绘宝鉴续纂》，这个名称被今人于安澜《画史丛书》沿用。于安澜认为《续纂》“疑为蓝、谢等弟子或后辈之所编，托蓝、谢之名以自重”，甚至可能是“商贾杂凑成书以射利”。[11]但另一位学者谢巍则基本肯定署名者包括蓝瑛都做过不同程度的工作，辈分最晚的冯仙湜应是最终成书者。冯仙湜（1670/1672—1744/1746），字沚鉴（一作沁鉴），山阴（今浙江绍兴）人，徙居钱塘，为诸生，能书善画，与蓝涛有交往。山水画学蓝瑛，后又学北宋郭熙，花卉则学明代陈淳。[12]

将《图绘宝鉴续纂》与徐沁《明画录》、姜绍书《无声诗史》三部书中的蓝瑛传记相比较，详略和评价大不相同，从中可以看出武林画家们树立蓝瑛开宗立派的形象，最后完成集体形象自我塑造的意图。

《图绘宝鉴续纂》卷二蓝瑛传记如下：

> 蓝瑛，号田叔，浙江钱塘人。书写八分，画从黄子久入门而惺悟焉。自晋唐两宋，无不精妙，临仿元人诸家，悉可乱真。中年自立门庭，分别宋元家数，某人皴染法脉，某人蹊径勾点，毫不差谬，迄今后学，咸沾其惠。性耽山水，游闽粤荆襄，历燕秦晋洛，涉猎既多，眼界弘远。故落笔纵横，墨汁淋漓，山石巍峨，树木奇古，练瀑如飞，溪泉

若响。至于宫妆仕女，乃少年之游艺，竹石梅兰，尤为冠绝，写意花鸟，俱余技耳。博古品题，可称法眼。□□（按：可能是“行年”二字）八十，居于山庄。[13]

《明画录》卷五蓝瑛传记则云：

蓝瑛，字田叔，号蝶叟，晚号石头陀，钱塘人。画山水，初年秀润，摹唐宋元诸家，笔笔入古，而于子久究心尤力，云：“此如画家真楷，必由此入门，始能各极变化。”晚境笔益苍劲，人物写生并佳，兰石尤绝。寿八十余，传其法者甚多，陈璇、王奂、冯湜、顾星、洪都，皆其选也。[14]

据蓝瑛自题，他与姜绍书早年即已相识，二十年后在扬州为姜绍书（二酉）画《仿宋元山水图》册页[15]（美国大都会艺术博物馆藏，图41）。但姜绍书好像不认识他，《无声诗史》的蓝瑛小传只有一句：

蓝瑛，字田叔，钱塘人。画人物、山水、花卉，俱得古人精蕴。[16]

而且仅记蓝瑛一人，不及其传派。《明画录》对江、浙画坛的文字分配就显得比较公道，除蓝瑛外，蓝孟、刘度、谢彬（在“人物”部分）亦有单列传记，蓝瑛弟子陈璇玉（陈衡）、王奂、冯湜、顾星、洪都和蓝孟子蓝深

[10]《中国画学著作考录》，页312、313、324。

[11]《图绘宝鉴续纂校勘记》，页五、页四，《画史丛书》第二册。

[12]关于此书纂述者、版本与内容的考析，详见《中国画学著作考录》，页432。

[13]《图绘宝鉴续纂》卷二，页14。如果佚失的两字是“行年”，则此传撰于蓝瑛将近八十岁，也就是顺治十一年（1654）或稍早。

[14]《明画录》卷五，页六三。

[15]见蓝瑛《仿宋元山水图》册页（美国大都会艺术博物馆藏）自题。

[16]《无声诗史》卷四，页七五。

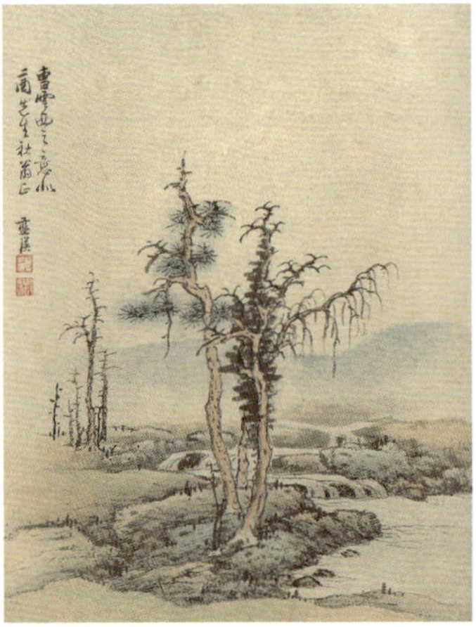

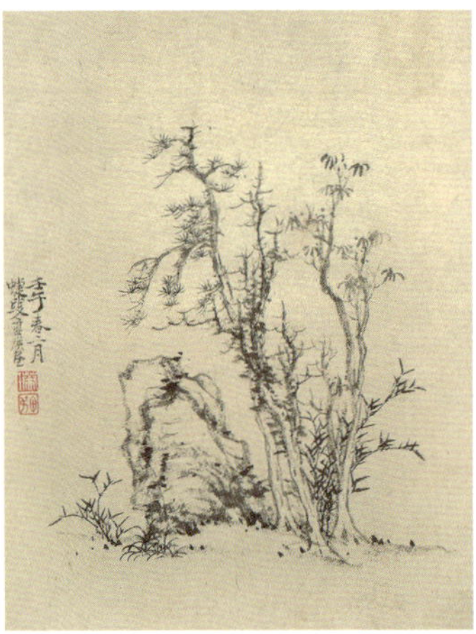

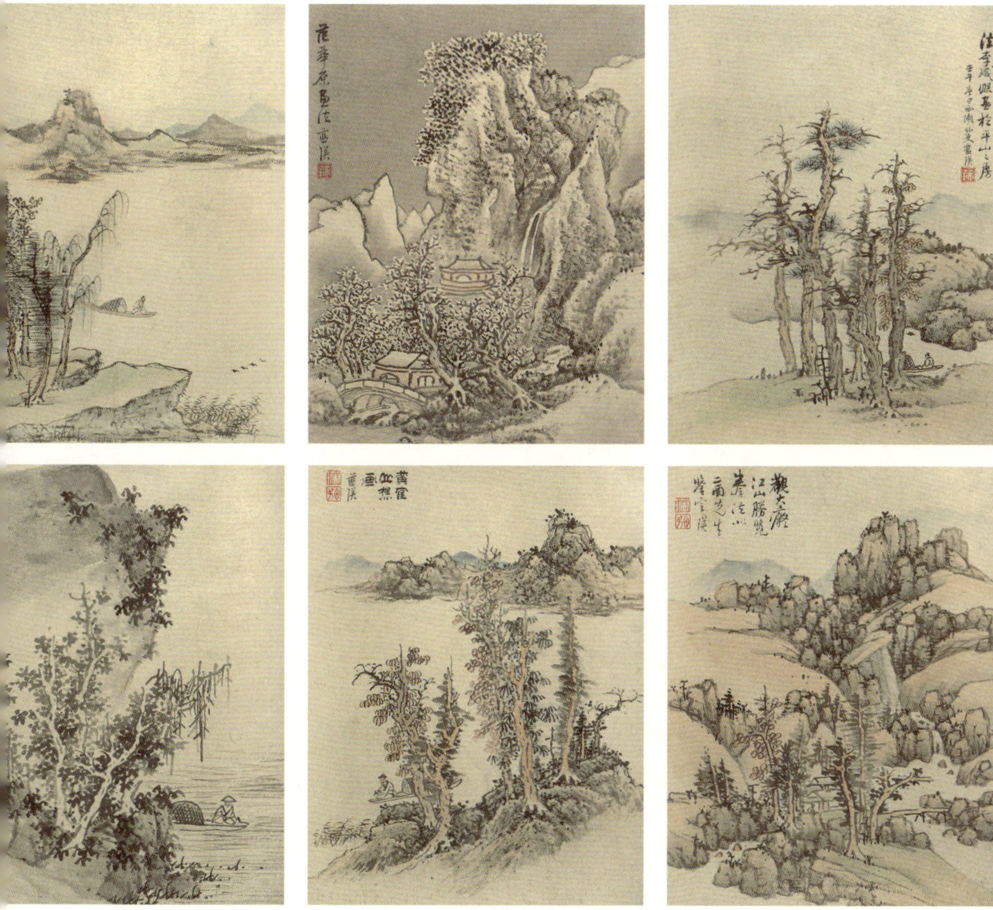

【图41】
蓝瑛《仿宋元山水图》册页
1642年　纸本水墨或淡设色
纵31.6厘米　横24.8厘米
美国大都会艺术博物馆藏

I

I

1

I

I

1

1

I

1

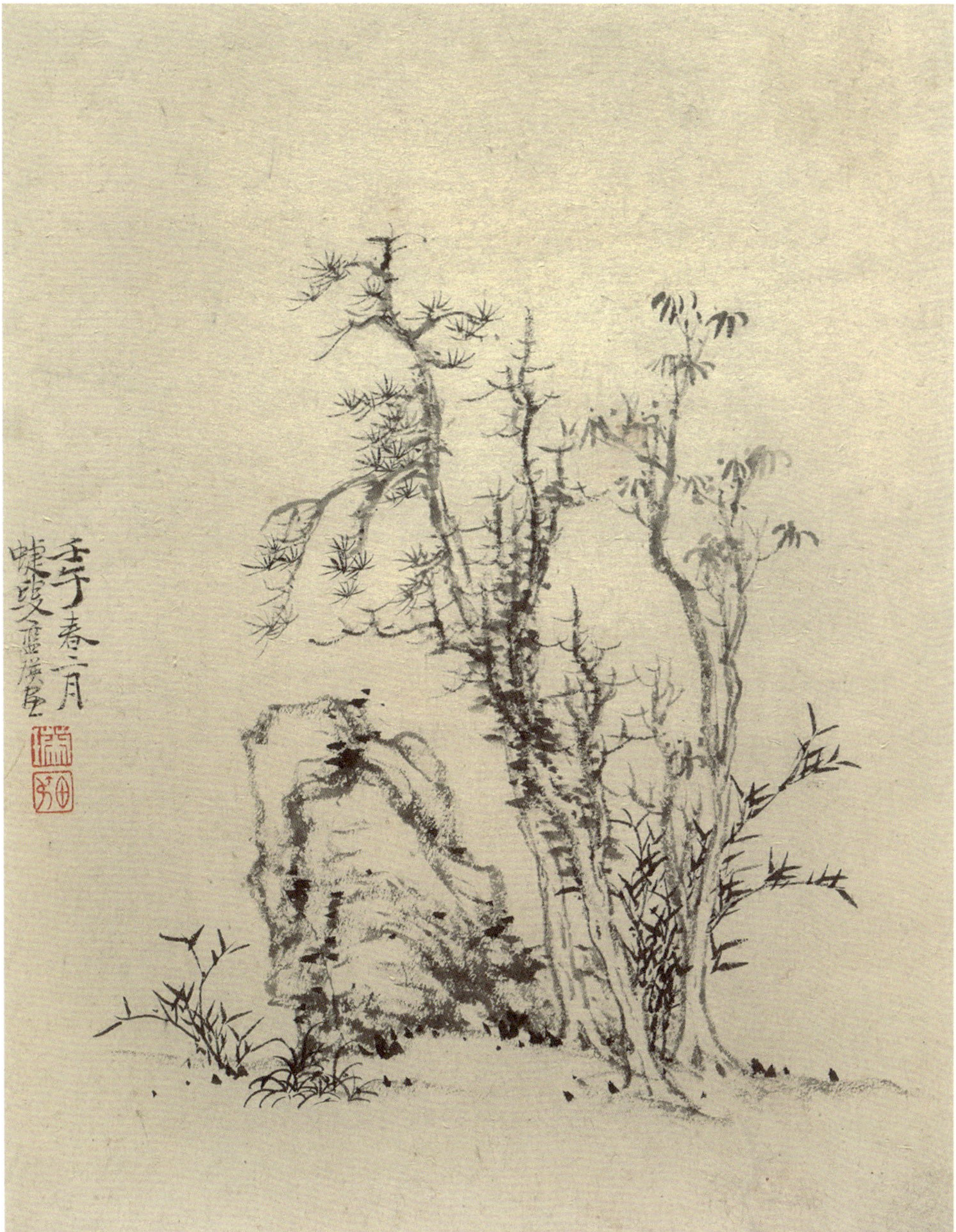

1

则见于附记。

《图绘宝鉴续纂》则将与蓝瑛关系密切的画家都单列，包括刘度及其弟子滕芳、蓝瑛的弟子与子侄陈衡（字璇玉，《明画录》误作陈璇）、蓝孟、谢彬、蓝深附蓝涛、禹之鼎、蓝洄的传记。此外还记载了大量杭州本地画家，加上寓居者，多达93人，占全卷记载人数近五分之一。当时活跃在杭州画坛的画家，如技能与蓝瑛类似的孙杕，学蓝派的吴讷、苏谊，仕女画家戴大有，肖像画家吕学，墨竹名家诸昇以及学谢彬肖像画法的戴苍、戴蒨兄弟，或详或略，皆单独列出。正是这部书，为画坛勾勒出“武林派”之群像，并记录下蓝瑛家族门墙的传承谱系。

二、评价与历史地位

1. 评价和“浙派殿军”名号问题

蓝瑛拥有全面而出色的创作才能、巨量的存世作品，仅就艺术水平而言，他无疑超越了同时代的绝大部分山水画家，足以进入艺术史上一流画家的行列，而他的画史地位却相当于二三流画家，其中存在明显的矛盾。其实在蓝瑛生前和去世不久，文人士大夫对他的评价虽然不是太高，却也不乏欣赏他的人。现就浙江本地文人和北方文人群体中举数例分析之。

在蓝瑛生前对他有较多关注与评论的浙江本地文人要数张岱。张岱（1597—1684），字宗子、石公，号陶庵、蝶庵，山阴（今浙江绍兴）人，明末清初文学家、史学家。他出身于官宦世家，青少年时代常常往来杭州，可能就认识了蓝瑛。蓝瑛曾于崇祯十三年（1640）和十六年（1643年）两度前往绍兴，这两年张岱都居住在绍兴；崇祯十五年（1642）蓝瑛曾到过扬州、镇江，张岱亦于是年游南京、镇江，这几年中蓝瑛有可能为张岱绘制了较多的作品。张岱文集中跋蓝瑛画共有三条：

崇祯甲申，余在淮上，与王宗伯觉斯同至武林。舟中讲究书画，见余所携箑为蓝田老所作米家山，重峦叠嶂。宗伯取快刀斫其上截，而以淡远山易之，更觉奇妙。因道米敷文居京，心见北固诸山，与海门连亘，取其境为潇湘白云卷。盖谓得其烟云灭没，便是米家神髓也。（跋蓝田叔米家山）

画米家山者，止取其烟云灭没，故笔意纵横，几同泼墨。然不知其先定轮廓，后用点染，费几番解衣盘礴之力也。昔之善书者谓忙促不及作草书，正须解会此意。（再跋蓝田叔米山）

黄大痴九十而貌如童颜，米友仁八十而神明不衰，谓其以画中烟云供养也。蓝田叔年至望八，其画枯木竹石，笔力愈老愈健，盖得力于服食烟云者，应亦不少。（跋蓝田叔枯木竹石）[17]

第一条记载了这样一则故事：崇祯甲申（1644）三月张岱赴清江浦为二叔张联芳奔丧，与正在这一带流浪避寇的王铎相遇，一同南下杭州。[18]这年蓝瑛六十岁，成名已久，米氏云山是晚明文人喜好的题材，张岱随身携带蓝瑛画扇，自然是欣赏他的。画名远不如书名的王铎竟用刀切去扇面上截，然后补纸改画淡远山，反映出文人士大夫追求的天真幽淡、书法笔意这些美学取向与蓝瑛的技巧性绘画之间的深刻对立。张岱的文字显得兴

[17] 张岱《琅嬛文集》卷五，云告点校本，岳麓书社，1985年，页208、212、213。又见《张岱诗文集》，夏咸淳校点，上海古籍出版社，1991年，页303、页307—308。

[18] 张升编著：《王铎年谱》，上海书画出版社，2007年，页152—153。

致盎然，但内心未必赞同王铎的做法。从第二条题跋看，张岱理解和认同蓝瑛技巧性的构图和技法。第三条脱胎于陈继儒（传）《妮古录》中的语句，[19]将蓝瑛与董、陈推崇的南宗文人画巨擘黄公望、米友仁相提并论，是张岱巧妙地利用了松江派的话语霸权来抬高浙江画坛大师的地位。此条写于蓝瑛年近八旬之时，表明张岱与蓝瑛的绘画交往维持终老。业余画家、职业画家的二分法并非历史事实，但经董其昌、陈继儒等人大力提倡后，在明末清初逐渐成为流行观念，蓝瑛正是被这样的观念挤压到艺术史的边缘的。当时像张岱这样持开放、公平态度的文人并不多见，其中还有一份乡邦情谊在起作用。

时间稍晚的另一位浙江文人、清初士大夫收藏家高士奇对蓝瑛的画是很欣赏的，前文论及《云林同调图》时已引述他在一开蓝瑛山水小页（辽宁省博物馆藏）对幅写的题跋，对“同乡前辈”陈洪绶、蓝瑛、刘度的作品相当珍视。但其中也透露出两个无奈的信息：一是浙江画家的画价较低，所以少年高士奇也可以购买一些小幅；二是高士奇晚年时风有变，浙江画家的画更受到忽视。可以认为，蓝瑛在浙江画坛的影响力，在清初也已逐渐降低。

再看北方士大夫的态度，这可以从蓝瑛《澄观图》册韩理对题解读。《澄观图》册页（图42，故宫博物院藏）是蓝瑛晚年的代表作之一，共十二开，画于泥金笺上，画面金碧辉煌，墨色明艳夺目。每开均有韩理所书的对题，书体有行草书和楷书，提到的临仿对象包括董源、范宽、马远、李唐、赵孟頫、黄公望、倪瓒、吴镇、王蒙、荆浩、李成、张僧繇，另外还盛赞了蓝瑛的绘画风格与水平。此册上款人是“介翁赵老公祖霜台”，韩理对题很可能是应赵介翁之请而写，笔下不免溢美。韩理是山东淄川人，清顺治六年（1649）进士。清廷入主中原后，从顺治三年开始恢复科举，[20]较早的几科进士是清代第一批通过规范的科举途径选拔的人才，也是较早认同清朝统治的汉族文人。因为遭到部分南方文人的抵制，北方士人在这几科取中机率明显提高。韩理即为其中一员，他在明朝没有进士功名，这个事实耐人寻味。明末北京士大夫中很大一部分是南方人，董其昌们的书画评判标准已成为主流。轻视蓝瑛的王铎（1592—1652）是北方（河南孟津）人，趣味却与江南士大夫一致。明清易鼎之际，混乱的北方出现了短暂的“趣味真空期”，一些像韩理那样没有经过董其昌南北宗论洗脑的士人进入社会中上层，继续运用推崇技巧的古老观念评画。清朝统治稳固以后，随着“南画北渡”，实际上也伴随着大量南方文人北上出仕，南北趣味融合，这与其说是北方人建立了一种新趣味，不如说是南方趣味的回潮。韩理对蓝瑛的赞赏，只是北方“趣味真空期”出现的一个特例。

北方士大夫对蓝瑛的欣赏延续到下一辈的山东人孔尚任（1648—1718）。他于三十九岁到四十二岁间治水淮扬，结识众多明遗民，感慨南明兴亡，遂撰《桃花扇》传奇，同时收藏趣味也受他们影响，藏品中增加了不少江南书画、文玩，但并不囿于门户之见。他收藏的蓝瑛作品虽然不算太多，却特意将蓝瑛写进《桃花扇》，在“题画”和“入道”两折中都安排蓝瑛做个小角色，以致清末收藏家杨恩寿认为蓝瑛媚求孔尚任入戏留

[19]《妮古录》卷三，《美术丛书》第一册，页631。

[20]赵尔巽等:《清史稿》卷一八〇“选举三”，中华书局，1976年，页3164、3168。

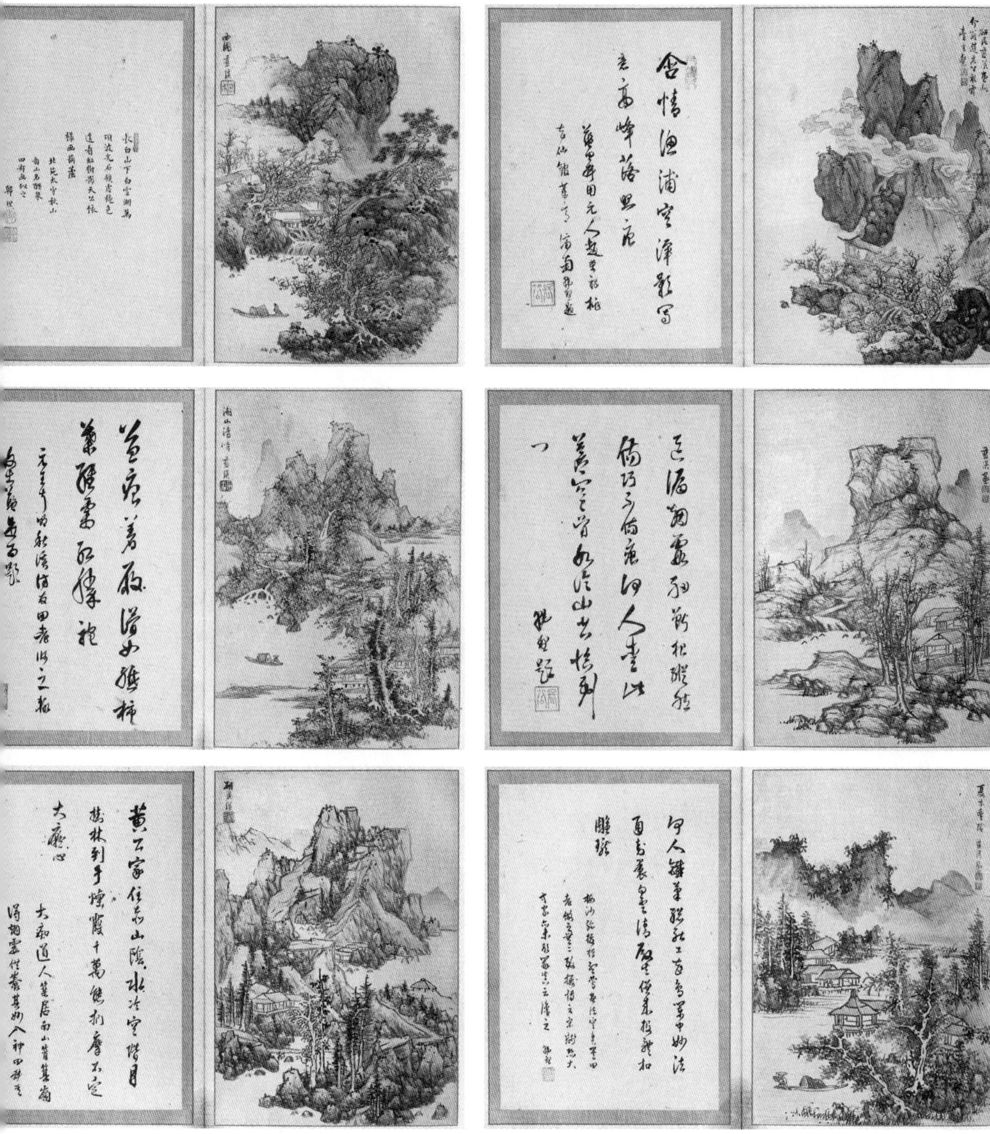

【图42】
蓝瑛《澄观图册》页　韩理对题
金笺设色或水墨　1653年
纵42.5厘米　横30厘米　故宫博物院藏

名，其实孔尚任有《桃花扇》构思时蓝瑛早已作古，杨氏对蓝瑛的偏见太过严重了。[21]

除了晚明江苏系文人士大夫口不明言的歧视和排斥，蓝瑛在清代的地位下降更多是由于“浙派殿军”的名号。对“浙派”名目的强调始于董其昌，他有一条批评是针对正在崛起的浙江画家群体，而批判的锋芒所指正是蓝瑛，但没有将他归于“浙派”：

胜国时画道独盛于越中，若赵吴兴、黄鹤山樵、吴仲圭、黄子久，其尤卓然者。至于今乃有浙画之目，钝滞山川不少。迩来又复矫而事吴装，亦文沈之剩馥耳。[22]

会稽人徐沁（活动于17世纪中后期）用董其昌的话为浙江画坛辩解时，却把“浙派”与“浙画”（蓝瑛）混淆起来：

今鉴定者不溯其源，止就吴、浙二派互相掊击。究其雅尚，必本元人，孰知吴兴松雪，唱提斯道，大痴、黄鹤、仲圭，莫非浙人……然则沈、文诸君，正浙派之滥觞，今人安得以浙而少之哉！[23]

殆至张庚（1685—1760）用“串联法”将董其昌和徐沁所说的两个“浙派”概念合二为一，戴进和蓝瑛也就串成了一条脉络：

画之有浙派，始自戴进，至蓝（瑛）为极，故识者不贵。[24]

画分南北始于唐世，然未有以地别为派者，至明季方有浙派之目。是派也，始于戴进，成于蓝瑛。其失盖有四焉：曰硬、曰板、曰秃、曰拙。[25]

在“浙派”成为反面教材的清代，蓝瑛受此“桂冠”所累，地位下降，也不奇怪了。

晚于张庚的沈宗骞创造了“武林派”这个名称来指称蓝瑛及其追随者，

比较客观，但是20世纪中外学者大都延续了张庚的混乱概念。日本学者将蓝瑛称为“浙派后劲”[26]，中国学者接收沿用，[27]并给蓝瑛加上更具终结感的头衔“浙派殿军”[28]，以戴进、吴伟、蓝瑛为浙派三大家，[29]共性是笔法“苍劲”[30]，或“笔法刚猛”，构成了想象中的“浙派”法脉。

其实他们也时时感到困惑：“蓝瑛虽为浙派殿军，然观其所作，实与戴、吴两家不同……于作家气中尚有一二分士气”，[31]“盖能去浙派之粗而得南宗之润者”，[32]“殆合南北而为一，以成其精艺者耶？”[33]“他已是‘吴派’化的‘浙派’了”。[34]是的，董其昌所说的“迩来又

[21] 见《蓝瑛与仿古绘画》，页10—11。

[22]《画旨（订补本）》，《画论丛刊》上卷，页88—89。

[23]《明画录》卷二，《山水叙》，《画史丛书》第三册，页一七。

[24]《国朝画徵录》卷上，页一二，蓝瑛、蓝涛小传，于安澜编：《画史丛书》第三册，上海人民美术出版社，1963年。

[25]《浦山论画・总论》，于安澜编：《画论丛刊》上卷，北京：人民美术出版社，1960年，页269。

[26]［日］大村西崖：《中国美术史》（1901年初刊，1926年陈彬和译，1928年商务印书馆出版），第十七章・清・浙派一称武林派，陈辅国主编：《诸家中国美术史著选汇》，吉林美术出版社，1992年，页847；［日］中村不折：《中国绘画史》（1936年郭虚中译，1937年正中书局出版），第三篇・近世期・第二章・清代的绘画，《诸家中国美术史著选汇》，页485。

[27] 陈师曾：《中国绘画史》（1925年翰墨缘美术院出版，此书系据中村不折之著作编译），第三编・近世史・第二章・清朝之绘画，《诸家中国美术史著选汇》，页69。

[28] 俞剑华：《中国绘画史》下册，上海：商务印书馆，1937年，页78。

[29] 俞剑华：《中国绘画史》下册，页75。

[30] 陈师曾：《中国绘画史》，《诸家中国美术史著选汇》，页69；俞剑华：《中国绘画史》下册，页75。

[31] 俞剑华：《中国绘画史》下册，页78。

[32] 陈师曾：《中国绘画史》，《诸家中国美术史著选汇》，页69。

[33]［日］中村不折：《中国绘画史》，《诸家中国美术史著选汇》，页485。

[34] 童书业：《正统派以外的清代绘画》，见童教英编校：《童书业美术论集・谈画》，上海古籍出版社，1989年，页453。

复娇而事吴装，亦文沈之剩馥耳”正是指蓝瑛。20世纪中期以来有不少学者注意到了蓝瑛与浙派画风的内在差异，对蓝瑛受到的不公正评价，通常解释为文人画家对职业画家的排挤，为了提高蓝瑛的地位、张扬其“现代性”，又将蓝瑛归为“变形主义”。

根据对蓝瑛风格的分析，他的艺术渊源、特征都更接近松江派，并且最终的源头可以追溯到吴门派，与明代浙派大相径庭。在蓝瑛活动的大时代，杭州本地的绘画传统中存在着多元的风格：南宋院体山水（马夏）和花鸟、吴门山水和花鸟、元末文人画山水和小写意花鸟、南宋院体人物画技术、民间写真技术尤其是曾鲸的“波臣派”，浙派的影响虽然存在，但占比很小。蓝瑛自青年起就远离浙派、取法吴门，是符合当时画坛风尚的选择。如果把“武林派”看成“松江派”的一个支系（而不是“浙派”的支系），就像吴伟的“江夏派”是“浙派”的支系一样，较为合理。在15—17世纪绘画史中，苏州是圆心，南京、松江、湖州、嘉兴是其外围，杭州是再外围，安徽和江西是最外围。不过，在17世纪后半期，创作最活跃的地区已经转移到了外围的南京（金陵派、扬州画坛）并震荡到再外围的杭州（武林派），以及最外围的安徽（黄山派、姑熟派）和江西（八大山人、江西派）。这时的武林派是第二层同心圆中的一个震荡点，与本地遥远的浙派传统并无血缘关系。

2．蓝瑛受到贬抑的原因

在蓝瑛的成长过程中，先后追随过松江派三代领袖人物孙克弘、董其昌、陈继儒，受到他们的深刻影响。但是他并没有像湖州人宋旭那样客居松江，成为松江派的一员，而是不断移居，最后回到杭州，自立门户。他和杭州画家群体发展壮大，不可避免地会与松江和苏州画家形成竞争，他的主要创作内容（山水）与后者重合，他的活动地域也与后者重合大半，这会使对方感受到威胁。江苏南部的文人画家们对他客气而排斥的态度，在很大程度上是一种自我保护。

“丘壑”方面的宋画风味，在蓝瑛的时代不但没有给他带来应有的声誉，反而在“尊元抑宋”的潮流中成为了减分项。何良俊（1506—1573）在《四友斋丛说》中提出“元人之画，远出南宋诸人之上”，倡导尊元抑宋，并将宋画贬抑为职业画家的技艺：“（戴文进）单是行耳，终不能兼利。”[35]尊元抑宋已渐成时代思潮。蓝瑛画中明显的宋画元素，适足以加强他的职业画家形象，这也是他不易被文人们接受的深层原因。这样来看，蓝瑛受到贬抑，也是明代中期以来品鉴风尚和标准巨变的结果。

松江派中包括不少职业画家，如宋旭、宋懋晋、沈士充、赵左，他们的画风中都有接近宋画的元素，虽然没有蓝瑛的画坛影响力，却也没有遭到明显的贬抑。这是因为他们的笔墨都是从符合董其昌所说的“南宗”董巨一系化出的。蓝瑛的笔墨与松江诸人明显拉开了距离，个性突出，但若论笔法刚猛，蓝瑛尚不如戴进、吴伟，而画史对他的苛责却在戴、吴之上。[36]深究起来，其中有些因素确实与文人画格格不入。

蓝瑛的画法为何难以获得肯定？将童书业的一些分析连缀起来可以说明其原因：“湿笔渲晕之法，只宜于绢及厚熟纸，而不宜于生纸；干笔淡

[35] 何良俊：《四友斋丛说》卷二九“画二”，中华书局，1959年，页263、267。

[36] 如俞剑华对蓝瑛的评价：“蓝瑛虽为浙派殿军，然观其所作，实与戴（进）、吴（伟）两家不同。盖其画虽不无浙派苍劲挺拔之习，然以其幼年从宋元诸家入手，对于黄公望究心尤力，于作家气中尚有一二分士气，故虽处浙派衰微时代，尚能撑持半壁，作偏安之局。学之者尚众，惟无特出，强弩之末，无可观也已。”见俞剑华：《中国绘画史》下册，上海：商务印书馆，1937年，页78。

染之法反之。宋人多用绢及熟纸，故‘水晕墨章’之法兴焉；元人渐用生纸，故干笔‘积墨’之法兴焉”，“入清用生纸之风渐盛，故干皴淡染之法风靡一时，即广陵、白下与浙派后期之蓝田叔辈尚干笔”。[37]蓝瑛受文人画影响，习用干皴淡染之法，此法本来适用于纸上，但受市场制约，他又恰好多用绢作画，其材料与技法具有内在的矛盾。

其实，“元四家”中的黄公望与王蒙的笔墨就有问题：“黄子久……纯用干笔‘积墨’，而少加渲晕，……难逃明人‘少气韵’之讥，盖尚笔而轻墨之故也”，“山樵常用篆籀笔作画，无擦染，‘笔多而墨不设’，又用赭笔加勾皴复笔，设以浅绛，有时竟如火烧之山，全无墨韵”。[38]元人广泛用半生纸作画，较南宋以前的绢画而言，是开创了一个新的传统，从以墨法为主，变为以笔法为主，笔墨融合（“有笔有墨”）一直是山水画中的一个高难度课题，即使是黄公望、王蒙也没有完全解决。不过，黄、王和松江派诸人用笔皆以中锋为主，用笔柔和缓慢，可以缓解墨法的干涩。黄公望还求助于色彩，发展出浅绛和小青绿两种新技法，既能淡化墨法不足的问题，又能保留水墨画的笔法特色。

蓝瑛却将干皴积墨与侧锋用笔并用，干笔淡墨的苍劲毛糙，放大了侧锋硬笔的霸悍之气，笔法墨法之失与材料性能相互叠加放大，结果就如黄宾虹所说的那样：“枯硬干燥，殊少苍润，难于入雅，不为世重。”[39]他也大量运用设色来减缓枯硬干燥之弊，甚至走到了山水画设色的极限，很多作品其实还是做到了“苍润”的，但无助于改变文人们的总体性偏见。

纸上的水法难题直到沈周才较好地解决，他“中年以子久为宗，晚乃醉心梅花道人”，[40]将吴镇的墨法与黄公望的笔法融合起来，蓝瑛通过学沈周上追吴镇，后人对蓝瑛的这一路风格评价也较高：

田叔……晚年乃疏放，绝似仲圭，复似启南，盖石田亦四十后始瓷行粗老之笔，分量所至不可强也。[41]

老而弥工，山水之苍古类沈石田。[42]

日本绘画界并不反感行笔刚猛、墨法干涩的效果，中村不折《中国绘画史》虽称蓝瑛为“浙派后劲”，却无贬义，反而推崇备至：“初究黄子久等，其风秀润，晚年得浙派之意，笔力益苍劲。盖至蓝瑛，殆合南北而为一，以成其精艺者耶？蓝瑛及其徒的遗墨，在中国不大注重，故流传日本的甚多，其画风存健实精研之妙，正足窥浙派的本领。”[43]

[37] 童书业：《枞川画论》，童教英编校《童书业美术论集》，上海古籍出版社，1989年，页472。

[38]《枞川画论》，页473，相关评论并见页466。

[39] 黄宾虹：《古画微·浙赣诸省名家之画》，上海：商务印书馆，1925年，页48。

[40]《枞川画论》，页475。

[41] 宋荦跋蓝瑛画，载《南画大成》“题跋”，页175，转引自颜娟英：《蓝瑛与仿古绘画》，页83。

[42] 吴荣光：《辛丑销夏记》，转引自颜娟英，前引书，页八四。

[43] [日] 中村不折：《中国绘画史》，页485。

附录一　蓝瑛家族艺术年表

（说明：本表中所列作品皆为今存者，古代文字著录中的信息未采集。作品收藏地点据《中国古代书画图目》和《中国绘画总合图录》《故宫书画图录》《晚明变形主义画家作品展》，今日收藏状况或已有变。个别海外公私藏品恐查找不便，注明了编号，无英文字母的编号出自《中国古代书画图目》，带有英文字母的编号出自《中国绘画总合图录》及其续编。）

明神宗	万历十三年	乙酉	1585	蓝瑛生于杭州。
明万历	二十一年	癸巳	1593	蓝瑛九岁。约此时，尝从人厅事，蘸灰画地，作山水，有咫尺万里之势。徐渭（1521—）卒。倪元璐（—1644）生。
明万历	二十六年	戊戌	1598	蓝瑛十四岁。陈洪绶于十二月七日或十七日（公历1599年1月3日或13日）生。
明万历	三十年	壬寅	1602	蓝瑛十八岁。约是年于杭州结识董其昌。李贽自杀于狱中（1527—）。祁彪佳（—1645）生。
明万历	三十四年	丙午	1606	蓝瑛二十二岁。秋，董其昌从湖广提学副使任上辞官回到松江。
明万历	三十五年	丁未	1607	蓝瑛二十三岁。春夏间，赴松江，投入孙克弘门下，与孙克弘友朋多人合作《朱竹墨石图》（上海博物馆）。与姜绍书共赏孙克弘敦复堂藏画。受董其昌影响，开始师法董源风格。傅山（—1685）生。

明万历	三十七年	己酉	1609	蓝瑛二十五岁。开始师法黄公望风格。是年冬董其昌曾补福建副使，但在任仅45天便辞职告归。
明万历	三十九年	辛亥	1611	蓝瑛二十七岁，作《楚山清晓图》扇面（湖北省博物馆），书画风格皆受董其昌影响。孙克弘（1533—）卒。方以智（—1671）生。
明万历	四十年	壬子	1612	蓝瑛二十八岁。八月，董其昌赴杭州观钱江潮，九月与友人游西湖。王穉登（1535—）卒，顾宪成（1550—）卒。周亮工（—1672）生。
明万历	四十一年	癸丑	1613	蓝瑛二十九岁。七月作仿赵孟頫《溪山秋色图》卷（天津博物馆）；与董其昌、陈廉、吴振合作《芦乡杂画》卷（首都博物馆）。
明万历	四十二年	甲寅	1614	蓝瑛三十岁。是年蓝瑛、孙杕赴诸暨陈家为陈母王氏祝寿。
明万历	四十三年	乙卯	1615	蓝瑛三十一岁。四月，蓝瑛、孙杕赴陈家吊唁陈洪绶母王氏（卒于二月十三日），并为陈父于朝作挽诗。
明万历	四十四年	丙辰	1616	蓝瑛三十二岁。冬杪（十二月，公历1617年1月7日—2月5日）作《仿王蒙林亭晚酌图》卷（中国国家博物馆）。春，“民抄董宦”，董宅被焚，董其昌外出避难；秋，事平。其后两年，董仍经常来往于吴兴、苏州、镇江等地友人之间，蓝瑛多次追随董旅行。正月，努尔哈赤称汗，建国号金，史称后金。汤显祖（1550—）卒。
明万历	四十五年	丁巳	1617	蓝瑛三十三岁。秋七月，作《仿大痴山水》卷（上海博物馆）。
明万历	四十八年、明光宗泰昌元年	庚申	1620	蓝瑛三十六岁。秋仲（八月）作《水阁对话图》（上海博物馆）；泰昌元年长至日（冬至）作《为晋侯先生作山水》扇面（上海博物馆）。是年作《春阁听泉图》轴（辽宁省博物馆）。秋，董其昌赴苏州、镇江旅行，蓝瑛可能随行。曾鲸为董其昌画肖像（上海博物馆）。
明熹宗	天启元年	辛酉	1621	蓝瑛三十七岁，随董其昌在镇江张修羽家观倪瓒《狮子林卷》等画作。
明天启	二年	壬戌	1622	蓝瑛三十八岁。夏仲（五月）至秋作《仿古册》十开（台北故宫博物院），秋作《山水图》（香港大学冯平山博物馆）、《松萝晚翠图》（天津博物馆），笔法细腻；作《溪桥话旧图》（故宫博物院），为早期代表作，笔墨风格开始成形。春，董其昌应召北上赴京。

明天启	三年	癸亥	1623	蓝瑛三十九岁。正月十五作《霖雨苍生图》（安徽博物院），学高克恭画法，并用隶书题端。秋中（八月十五）作《南山图》（瑞典斯德哥尔摩东方博物馆），秋作《（仿王右丞）溪山雪霁图轴》（台北故宫博物院）。
明天启	四年	甲子	1624	蓝瑛四十岁。是年作《山水图》卷（美国西雅图美术馆）。
明天启	五年	乙丑	1625	蓝瑛四十一岁。阉党对东林党人的迫害达到顶峰，杨涟、左光斗等“六君子”死难。抗金名臣熊廷弼（1569/1573—）被冤杀。
明天启	六年	丙寅	1626	蓝瑛四十二岁。九月九日作《秋林高士图》（安徽博物院）。十一月初一，于西湖舟中作《江皋暮雪图》（浙江省博物馆），为早年青绿山水代表作；冬暮（十二月）作《为仲言作山水》扇面（上海博物馆）。阉党继续残酷迫害东林党人，缪昌期、周顺昌等“后六君子”死难。浙江巡抚潘汝桢请为魏忠贤立生祠，各地纷起效尤。八月，后金汗（清太祖）努尔哈赤（1559—）薨，九月，皇太极即位。
明天启	七年	丁卯	1627	蓝瑛四十三岁。三月作《秋山水阁图》轴（浙江省博物馆）。冬暮（十二月）作《为仲言作山水图》扇面（上海博物馆），学王蒙画法。三月，明末农民大起义爆发于陕西。八月，明熹宗（1605—）薨，弟由检即位，是为明思宗（南明谥）。十一月，魏忠贤谪凤阳守陵，途中自缢。
明思宗	崇祯元年	戊辰	1628	蓝瑛四十四岁。上元前二日（正月十三）作《柱石图》扇面（上海博物馆）。杭州、嘉兴、绍兴三府大水。米万钟（1570—）卒，丁云鹏（1547—）卒。
明崇祯	二年	己巳	1629	蓝瑛四十五岁。九月九日作《山水图》扇面（德国科隆远东博）。小春（十月）作《仿大痴山水》扇面（上海博物馆）。是年作《仿李成万山飞雪图》轴（故宫博物院）。二月，董其昌赴杭州，与友人观赏南宋萧照《中兴瑞应图》。后金大举攻明，兵临北京城下。袁崇焕驰援京师，受诬下狱。李流芳（1575—）卒。
明崇祯	三年	庚午	1630	蓝瑛四十六岁。秋仲（八月）作《仿董巨山水》轴（上海博物馆）。张溥因乡试之便，在南京开复社大会。二月，皇太极主力撤兵。八月，思宗以谋叛罪名杀袁崇焕（1584—）。是年，陕西农民军声势日长，明廷陷入与后金、农民军两面作战的窘境。
明崇祯	四年	辛未	1631	蓝瑛四十七岁，曾到过嘉兴。三月十五日作《仿李唐山水图》（上海博物馆），学唐寅画法。四月，董其昌游杭州东北黄鹤山（元季王蒙隐居处）。

明崇祯	五年	壬申	1632	蓝瑛四十八岁。清和（四月）作《溪山哦雪图》（四川大学博物馆），夏仲（五月）作《春江渔隐图》（美国大都会艺术博物馆）。秋作《水阁秋深图》（清华大学艺术博物馆），学唐寅画法。二月作《竹石图》扇页（南京博物院，苏24—0314）可疑。
明崇祯	六年	癸酉	1633	蓝瑛四十九岁。初夏（四月）作《水阁延秋图》扇面（上海博物馆），仲夏（五月）作《秋山渔隐图》（天津博物馆）。秋八月作《仿倪瓒山水图》单页（应为册页中散出者，美国吴讷孙旧藏，A26—009）。是年二月到八月，作《仿古山水册》十开（故宫博物院）。徐光启（1562—）卒。
明崇祯	七年	甲戌	1634	蓝瑛五十岁。花朝（二月十二日），作《蜀山行旅图》轴、《仿李唐山水》扇面（皆藏上海博物馆）。五月作《荷乡小景》扇面（上海博物馆）。七月初一至十五，作《山水册》十二开（浙江省博物馆）。九月至十月作《竹石图》十二开册（广东省博物馆），十月作《仿大痴维摩诗意图》轴（故宫博物院）。是年八月作《古木文禽图》（南京博物院，苏24—0315）可疑。
明崇祯	八年	乙亥	1635	蓝瑛五十一岁。春仲（二月）于桐庐作《仿古山水册》十二开（台北故宫博物院），春在杭州作《幽谷观泉图》卷（南京博物院）。董其昌以南京礼部尚书兼太子太保致仕。正月，农民军大会于荥阳，高迎祥、张献忠东进破凤阳，焚明祖陵献殿。李日华（1565—）卒。
明崇祯	九年	丙子	1636	蓝瑛五十二岁。春正月作《仿赵孟頫山水图》扇面（旧金山亚洲艺术博）。夏仲（五月）作《仿赵松雪梅花仕女图》扇面（上海博物馆）。长至（夏至或冬至）作《长林红叶图》（四川博物院）。后金改国号为清。秋于杭州作《山水图》卷（日本大和文华馆）。董其昌（1555—）卒，文震孟（1574—）卒。
明崇祯	十年	丁丑	1637	蓝瑛五十三岁。曾鲸为侯峒曾画肖像，文震亨跋（上海博物馆）。
明崇祯	十一年	戊寅	1638	蓝瑛五十四岁。五月作《清朝柱石图》轴（浙江省博物馆），夏（？）在嘉兴观王维《长江飞雪图》卷，法其意作《山水图》轴（美国高居翰旧藏，A31—150）。八月十八日作《山水图》（日本静嘉堂藏，有双胞本，待考）。十月为麐生作《花鸟杂画扇面册》七开（香港私人藏，S42—032）。是年作《仿梅道人山水图》扇面（四川博物院）。《仿黄公望山水图》卷约作于是年，陈继儒等多名士夫名流题于本幅。曾游嘉兴。九月十七日，郑铉赠祁彪佳印章及蓝瑛画为其母庆寿。二月，复社成员吴应箕、陈贞慧等在南京作《留都防乱公揭》。是年吴中大旱，苏州承天寺僧人从古井出土南宋遗民郑思肖所著《心史》手稿二卷，知府刊行之。

明崇祯	十二年	己卯	1639	蓝瑛五十五岁。是年曾客居芜湖，观钱选《石勒问道图》（蓝瑛临《石勒问道图》卷自题，香港赵从衍夫妻藏，S15—005）。夏，作《江皋飞雪图》（美国旧金山亚洲艺术博物馆）。中元（七月十五）作《仿黄公望山水》卷（台北故宫博物院），秋作《乔岳松年图轴》（吉林省博物馆）。陈继儒（1558—）卒。
明崇祯	十三年	庚辰	1640	蓝瑛五十六岁，曾到过绍兴，居住近一年。三月，祁彪佳母丧，蓝瑛曾往吊，六月并赠诗画，彪佳有《与蓝田叔》函致谢。冬杪（十二月，公历1641年1月11日—2月9日）在绍兴作《仿黄鹤山樵山水》轴（天津博物馆），冬作《山水图》（台北故宫博物院）。冬（？）作《山水图》（美国普林斯顿大学博物馆）。越中饥荒，祁彪佳等乡绅筹赈。
明崇祯	十四年	辛巳	1641	蓝瑛五十七岁，曾到过吴兴、扬州。二月作《古木竹石图》轴（上海博物馆）。秋仲（八月）在杭州作《山水图》轴（北美私人，A37—004）。十二月作《花鸟册》十二开（上海博物馆）。是年作《春阁听泉图》轴（辽宁省博物馆）。正月，李自成军入河南，破洛阳，杀福王常洵，世子由崧逃脱。徐弘祖（霞客）（1587—）卒，张瑞图（1570—）卒，张溥（1602—）卒。
明崇祯	十五年	壬午	1642	蓝瑛五十八岁，曾到过扬州、镇江，游历、访友、写生。春（正月、二月）于扬州为姜绍书（二酉）作《仿宋元山水图》册（美国大都会艺术博物馆），约同时为方亨咸作《山水图》册（美国芝加哥美术馆），修禊日（三月初三）作《仿一峰山水图》轴（天津博物馆）。夏于扬州作《仿古山水册》十二开（上海博物馆）。秋于扬州作《临溪读书图》扇面（上海博物馆）。是年于扬州作《（法张僧繇）丹峰红树图》（上海博物馆），红树青山画法成熟，但董其昌的影响痕迹仍较明显。是年作《玄亭清秋图》扇面（故宫博物院）。清军入塞攻破兖州，鲁王朱以派（？—1642）自缢殉国，弟以海逃脱。李自成入开封。
明崇祯	十六年	癸未	1643	蓝瑛五十九岁，此年部分时间住杭州西溪，约此时认识周世臣并教其作画。曾到过绍兴，在王思任家观马远《水图》，手临一本携归。三月作《临泉小阁图》扇面（上海博物馆）。四月忆临四年前在芜湖所见《石勒问道图》（香港赵从衍夫妻藏，S15—005）。中元（七月十五）作《画乔松》成扇（台北故宫博物院），七月末，为五云禅师作《支许清言图》（克利夫兰艺术博物馆）。秋仲（八月）于绍兴作《仿古山水写生册》十四开中前八开（台北故宫博物院）。蓝孟作《仿古山水图册》八开（上海博物馆），年龄应在三十以上。

明崇祯	十七年 清世祖顺治元年	甲申	1644	蓝瑛六十岁。或于是年下半年返回南京，借助张怡等弘光小朝廷官员寻找卖画市场。冬仲（十一月）作《秋山图》（广州市美术馆），十二月作《仿黄子久深山图》轴（上海博物馆）。冬，作《仿马远山水》扇面（故宫博物院）。三月，张岱为二叔张尔葆奔丧至河南清江浦，遇王铎，同舟南下杭州，王铎见张岱持扇为蓝瑛画米氏云山，裁去上截，自为改画。五月，谢三宾跋蓝瑛《石勒问道图》。曾鲸为黄道周画肖像（福建博物院），黄于是年正月疏乞致仕，年内居乡。三月十八日，李自成军攻入北京，十九日，崇祯帝自杀殉国（1611—）。倪元璐自缢殉国（1593—），画家崔子忠（约1574—）饿死土室中。三月二十六日，祁彪佳等赴南京迎福王。五月，马士英等拥立福王朱由崧于南京，改元弘光，王铎任东阁大学士（次辅），刘宗周任左都御史，祁彪佳任右佥都御史、苏松巡抚，来集之任太常寺少卿。刘、祁旋皆为马士英排挤去职，彪佳于年末归山阴。凌濛初卒于与李自成军作战前线（1580—），高士奇（—1704）生。
清世祖	顺治二年 年 南明福王弘光元年 年 唐王隆武元年	乙酉	1645	蓝瑛六十一岁，曾居南京，于南京陷落之前返回杭州，途中可能遇到抢劫（乙未《仿古山水写生册》自题，台北故宫博物院）。二月（在南京）作《煎茶图》轴（上海博物馆）。秋，在杭州作《寒林晚鸦图》扇面（上海博物馆）。十月作《画山水》册（台北故宫博物院）。四月，清军陷扬州，屠城十日。五月，清军入南京，王铎、钱谦益等率百官开城迎降，周亮工亦在其中，得授两淮盐运使；弘光帝出逃后被捕，弘光朝廷覆灭。六月，清廷下雉发令，嘉定、昆山、江阴反抗，皆被屠城；潞王朱常淓监国于杭州，七日即降清；清军下苏、杭，并分兵取江西；浙东义师经“划江之役”，暂保浙东。闰六月十五日，唐王朱聿键立于福州，年号隆武，黄道周任武英殿大学士兼吏、兵二部尚书。闰六月，鲁王朱以海监国台州，七月迁绍兴，王思任出任礼部右侍郎兼詹事，进尚书。六月、闰六月，祁彪佳（1602—）、王毓蓍（？—）、祝渊（1614—）、刘宗周（1578—）先后自杀殉国。九月，黄道周募兵抗清，十二月在婺源（今属江西）与清兵战败被俘。

清顺治	三年 南明唐王隆武二年，绍武元年 鲁监国元年	丙戌	1646	蓝瑛六十二岁，到过嘉兴。春暮（三月）作《山水》卷（系十二开册页改装，台北兰千山馆）。五月作《桃源春霭图》（青岛市博物馆）、《临马远水图》扇面（上海博物馆）。八月作《仿赵孟頫山水》扇面（上海博物馆）。秋，作《仿董源山水》卷（上海博物馆）。正月，清廷任命王铎为礼部尚书。二月，清廷始行科举考，法若真成进士。三月，黄道周（1585—）在南京就义。五月，弘光帝（1607—）、潞王（1608—）等被杀于北京；清军渡钱塘江；六月，鲁王逃亡入海，兵部尚书余煌开绍兴城放军民逃生，旋投水殉国（？—），清军陷绍兴，孟称舜与二子避兵嵊东。七月，唐王所遣兵部侍郎杨文骢兵败于衢州，退至福建浦城，被俘就义（1594—）。八月，清军攻入福建，俘杀唐王于福州（1602—）。九月，张岱携一子一仆避居嵊县山中，王思任（1572/1574—）在山中绝食殉国。十月，桂王朱由榔于肇庆监国，十一月即帝位，改元永历；十一月，鲁王被郑成功部将郑彩迎至厦门，唐王弟聿金粤于广州即位，改元绍武；十二月，清兵破广州，绍武帝自杀（1605—）。十一月二十七日（公历1647年1月2日）张献忠被清军俘杀（1606—）。马士英（约1591—）、阮大铖（约1587—）皆死。冯梦龙（1574—）卒。
清顺治	四年 南明桂王永历元年 鲁监国二年	丁亥	1647	蓝瑛六十三岁。五月，作《三清图》扇面（美国艾瑞慈经藏，A6—009）。画家曾鲸（1564—）卒，禹之鼎（—1716）生。
清顺治	五年 南明永历二年鲁监国三年	戊子	1648	蓝瑛六十四岁。上元（正月十五）作《秋景山水图》（日本大阪市立博）。清和（四月）作《仿梅道人渔隐图》（天津博物馆）。七月，作《仿梅道人山水》扇面（上海博物馆），七月七日为谢彬所作人物肖像图卷补景（美国高居翰旧藏，A31—047）；秋作《秋壑高隐图》轴（上海博物馆）。十二月作《山水花卉四开册》中的一页（辽宁省博物馆），腊月廿三（公历1649年2月4日）与孙杕小饮，合作《梅花幽鸟》扇面（台北故宫博物院）。郑成功（用隆武年号）与鲁王兵分别攻击闽、浙沿海。宁波“五君子翻城之役”失败。
清顺治	六年 南明永历三年鲁监国四年	己丑	1649	蓝瑛六十五岁。花朝（二月十二日）作《（仿王叔明）秋山高逸图轴》（故宫博物院），具晚期成熟风格。鲁王政权暂驻舟山。

清顺治	七年 南明 永历四年 鲁监国五年	庚寅	1650	蓝瑛六十六岁，约于夏季应嘉兴知府李某之邀，客其家经年（《仿元各家山水图》卷自题，烟台市博物馆），但仍往来于杭州附近。二月在杭州作《雪峤寻诗图》轴（故宫博物院）。清和（四月）于嘉兴作《山水图》卷（瑞士苏黎世利兹堡博物馆），夏仲（五月）于嘉兴作《山水十二幅》（香港至乐楼，S8—022），黄梅雨天（五一六月）在嘉兴作《寒山秋霁图》扇面（上海博物馆），作《山水花卉四开册》中的三页（辽宁省博物馆）。初秋（七月）在杭州作《秋山水阁图》扇页（南京博物院），中元（七月十五）作《雪壑清言图》扇面（加拿大维多利亚美术馆，A54—002）。十一月，在桐庐作《山水》扇面（故宫博物院）。冬，作《山水图》扇面（普林斯顿大学博物馆藏）。清军入广东，永历帝奔梧州。十一月，清军破广州，督师瞿式耜被俘就义（1590—），永历帝奔南宁。十二月，清摄政王多尔衮（1612—）卒。
清顺治	八年 南明 永历五年 鲁监国六年	辛卯	1651	蓝瑛六十七岁，在嘉兴。花朝（二月十二日）作《秋林对坐图》（上海朵云轩）。春暮（三月）至夏于嘉兴为隆翁作《仿古册》八开（台北兰千山馆）。清和（四月）于嘉兴鸳湖舟中作《江皋话古图》（故宫博物院），夏作《江村远眺图》扇面（日本黑川古文化研究所），仲夏至秋杪（五月至九月）为陈玄甫作《仿元各家山水图》卷（烟台市博物馆）。七月作《仿倪瓒狮子林图》卷（上海博物馆），八月为方翁作《松壑清泉图》轴（故宫博物院），秋为方翁作《嘉树晴云图》（故宫博物院）、为隆翁作《画花鸟册》十二开（台北故宫博物院）。秋冬之际，在婺州宪署观王镛藏董源《溪山雪霁图》卷。十月于嘉兴作《春山水阁图》（安徽博物院）、《两峰插云图》（广西壮族自治区博物馆），十二月于嘉兴作《江皋话古图》轴（故宫博物院）。是年于嘉兴作《樱桃小鸟》扇面（故宫博物院）。清军攻下两广州县多处，永历帝西走。清军陷舟山，鲁王入海。冬，孙杕作《水仙竹石图》（东京国立博物馆），当卒于是年末或稍晚（？—1651/1652）。
清顺治	九年 南明 永历六年 鲁监国七年	壬辰	1652	蓝瑛六十八岁。花朝（二月十二日）作《青山红树图》扇面（故宫博物院），红树青山画法成熟。蒲月（五月）作《仿董源山水图》轴（美国印第安纳波利斯博）。八月作《秋涉图》（上海博物馆），九月初九作《为二子作山水》扇面（上海博物馆），秋作《芙蓉秋禽图》扇面（四川博物院）。嘉平月（十二月）作《华岳高秋图》（上海博物馆），为晚年杰构。陈洪绶于是年春卒于绍兴家中。王铎（1592—）卒，万寿祺（1603—）卒。

清顺治	十年 南明永历七年 鲁监国八年	癸巳	1653	蓝瑛六十九岁，曾居嘉兴。春，于杭州作《山阁延秋图》轴（辽宁省博物馆），于松江作《山水》扇面（四川博物院）。四月作《澄观图册》十二开（故宫博物院）。七夕（七月初七）作《松壑仙舟图》（纽约布鲁克林博物馆），七月作《玄亭话古图》（广东省博物馆），八月十五作《仿大痴笔意图》卷（上海博物馆），秋作《秋水长桥图》扇面（上海博物馆）、《山水》扇面（台北故宫博物院），于嘉兴作《溪山积雪图》扇面（美国私人，A57—019）。鲁王于三月取消监国之号。
清顺治	十一年 南明永历八年	甲午	1654	蓝瑛七十岁。花朝（二月十二）作《松壑飞泉图》（广西壮族自治区博物馆），三月作《云壑高逸图》（安徽博物院）。夏作《秋色梧桐图》（故宫博物院）。七夕（七月初七）作《山水图》（香港北山堂藏，S7—023），中秋（八月十五）作《溪山飞雪图》（四川博物院），秋于杭州作《仿李成秋景山水图》（香港罗桂祥夫妻藏，S35—017））。小春（十月）作《奇石图（太湖石图）》（北美私人，A56—004），冬于杭州作《秋山万木图》（安徽博物院）。是年作《水阁听泉图》扇面（广州艺术博物院）。是年至次年，张名振、张煌言水军三入长江，一度抵瓜洲、仪真，登镇江金山，望祭明孝陵。张岱至杭州，见自家及旧友在西湖别业皆圮毁。侯方域（1618—）卒。
清顺治	十二年 南明永历九年	乙未	1655	蓝瑛七十一岁，曾居绍兴。去年仲冬至是年春（公历1654年12月28日到1655年5月5日）与门人傅观、章声等合作《山水册》十开（天津博物馆）；上元（正月十五）作《雪景山水图（仿范宽寒山雪蹇图）》，现有双胞本待考（美国高居翰旧藏A31—011，底特律美术馆A4—013）；春仲（二月）作《澄怀观道图册》十二开（故宫博物院）。夏仲（五月）作《法关仝乔岳高秋图》（台北石允文，S29—024）。新秋（七月）重观王镛藏董源《溪山雪霁图》卷，七月至八月，于旅途中自题《澄怀观道图》册。九月九日于（诸暨？）西施山房作《仿宋人山水图》扇面（宁波天一阁博物院），秋作《仿吴镇山水》轴（四川博物院），冬仲（八至十一月）为辅翁作《仿古山水写生册》十四开中后六开（台北故宫博物院）。

清顺治	十三年 南明永历十年	丙申	1656	蓝瑛七十二岁，在杭州。二月作《仿古山水册》十六开（上海博物馆），春作《万山飞雪图》（上海博物馆）。五月十五作《灵璧图》扇面（四川博物院），夏作《奇石图册》八开（北京工艺品进出口公司），夏杪（六月）于杭州作《荷石图》（四川博物院）。秋初（七月）作《秋山行旅图》（河北博物院），秋中（八月）作《溪桥拄杖图轴》（辽宁省博物馆）。长至（夏至或冬至）作《五岳奇观图》扇面（上海博物馆）、《仿李咸熙山水》轴（沈阳故宫博物院）。是年作《茅亭话旧图》（天津博物馆）。是年作《仿吴镇山水图》（美国高居翰旧藏，A31—131）。
清顺治	十四年 南明永历十一年	丁酉	1657	蓝瑛七十三岁。曾到绍兴。正月作《仿李唐山水》扇面（上海博物馆），春作《仿大痴山水》扇面（上海博物馆）。新秋（七月）作《山水》扇面（台北故宫博物院）；九月七日应地方官之请为梁清远作《卧云草堂图》卷（天津市文化局），九月八日作《秋壑清音图》（贵州省博物馆），九月九日于绍兴作《云壑藏渔图》（故宫博物院）；九月作《霜禽秋色图》（青岛市博物馆）。冬至作《杂画册》十开（日本黑川古文化研究所），冬日于杭州作《花卉杂画册》（美国高居翰旧藏，A31—063）。是年作《拳石折枝花卉册》二十开（故宫博物院），其中有十开画米万钟（1570—1628）旧藏案头赏石；是年为徐泰作《邵弥像》轴补景（故宫博物院）。
清顺治	十五年 南明永历十二年	戊戌	1658	蓝瑛七十四岁。上元（正月十五）作《秋壑飞泉图轴》（吉林省博物馆），春仲（二月）在杭州家中作《万壑清声图》（浙江省博物馆），春作《为正公世兄作山水》扇面（上海博物馆）。清和（四月）作《（仿张僧繇）白云红树图》（故宫博物院），并题顺治年号。新秋（七月）作《雪景山水图》轴。秋仲（八月）作《暮山凝紫图》（中国美术馆）、《法北苑山水图》（广东省博物馆），秋作《江浦秋云图》（广东省博物馆）。十月作《蕉石婴戏图》轴（故宫博物院）。郑成功、张煌言率舟师大举北上，遇台风，泊舟山。

清顺治	十六年 南明永历十三年	己亥	1659	蓝瑛七十五岁。花朝（二月十二）作《雪景》（台北故宫博物院），春仲（二月）作《山水图》页（应为册页散出者，美国高居翰旧藏，A31—137）、《秋江独钓图》扇面（美国伯克利加州大学博物馆），上己（三月三日）作《仿云林山水》卷（四川博物院），三月在杭州作《松亭清音图》（台湾鸿禧美术馆，S23—007）。五月作《为正翁作山水》扇面（上海博物馆），夏为徐泰作肖像《浴砚图》补景（天津博物馆）。八月于杭州作《溪桥杜杖图》（辽宁省博物馆），九月作《山林坐玩图》扇面（南京博物院），秋作《山水》（台北故宫博物院）。十二月作《苍林岳峙图》轴（上海博物馆）。是年作《法张僧繇白云红树图》轴（中央美院美术馆）。五月，郑成功、张煌言军大举入长江，七月至江宁城下，并进取徽、宁一带，十月退还，清廷开始兴大狱查“通海”事，诛连甚广。
清顺治	十七年 南明永历十四年	庚子	1660	蓝瑛七十六岁，曾到过绍兴。重九（九月九日）在绍兴作《秋景山水图》（北美私人，A56—006）。
清顺治	十八年 南明永历十五年	辛丑	1661	蓝瑛七十七岁。蓝孟作《桃源渔隐图》（清华大学艺术博物馆），时年五十左右。正月，世祖（1638—）以痘薨，子玄烨即位，改元康熙。十二月，吴三桂俘南明永历帝，南明亡。
清圣祖	康熙元年	壬寅	1662	蓝瑛七十八岁。通海案结，魏耕被杀，祁班孙遣戍宁古塔。二月，郑成功收复台湾。四月，吴三桂杀永历帝（1623—）于昆明。五月，郑成功（1624—）卒，子郑经嗣主台湾。十一月，明鲁王死于金门（1618—）。
清康熙	二年	癸卯	1663	蓝瑛七十九岁。约于是年，张岱跋蓝瑛画枯木竹石。蓝孟作《洞天春霭图》（浙江省博物馆）。庄廷鑨《明史》案结，诛连甚广。
清康熙	三年	甲辰	1664	蓝瑛八十岁。可能卒于是年或康熙五年丙午（1666）。蓝孟作《梅花书屋图》（浙江省博物馆）、《仿关仝山水轴》（沈阳故宫博物院）、《草堂诗思图轴》（吉林省博物馆）、《秋林逸居图轴》（旅顺博物馆）。张煌言在浙江海上被捕，于杭州就义（1620—）。钱谦益（1582—）、柳如是（1618—）卒。弘仁（1610—）卒。

清康熙	四年	乙巳	1665	蓝瑛（若在世）八十一岁。蓝孟作《晴峦暖翠图轴》（无锡市博）、《山水图轴》（故宫博物院）、《仿李咸熙山水轴》（北京画院）。
清康熙	七年	丁未	1668	蓝孟作《仿古山水册》十二开（上海博物馆）、《华陕春晖图轴》（旅顺博物馆）。
清康熙	十年	辛亥	1671	蓝孟作《秋林青嶂图轴》（济南市博物馆）。诏毁南京明故宫。方以智（1611—）卒，吴伟业（1609—，按吴卒于十二月二十四日，公历1672年1月23日）卒。
清康熙	十一年	壬子	1672	周亮工（1612—）卒。
清康熙	十二年	癸丑	1673	祁班孙（1632—）卒。
清康熙	十三年	甲寅	1674	蓝深与高士奇在北京订交。春，士奇寄诗蓝深索画，五月送蓝深归杭州。
清康熙	十六年	丁巳	1677	蓝深作《高山川至图轴》（山东省博物馆）。
清康熙	二十三年	甲子	1684	高士奇在北京请禹之鼎画肖像，蓝深补景，成《云林同调图》（浙江省博物馆），包括高士奇、苍林禅师、蓝深三人肖像。
清康熙	二十七年	戊辰	1688	蓝涛作《高山流水图轴》（故宫博物院）、《花鸟轴》（浙江省博物馆）、《春深雨露图轴》（天津博物馆）。
清康熙	二十八年	己巳	1689	蓝深作《观海图卷》（浙江省博物馆）。画家龚贤（1618—）卒。张岱（1597—，一说卒于1680年）卒。
清康熙	三十年	辛未	1691	蓝涛作《销夏云鹭图轴》（上海博物馆）。程邃（1605—）卒。
清康熙	三十四年	乙亥	1696	蓝涛作《仿萧照高秋川至图轴》（故宫博物院）。

附录二　部分参考书及论文

（只列出注解中未出现过的参考资料）

图册

1. 中国古代书画鉴定组编：《中国绘画全集》15（明6）、16（明7）、17（明8）、18（明9）、20（清2），文物出版社、浙江人民美术出版社，2000年。

2. 中国古代书画鉴定组编：《中国古代书画图目》（共24册），文物出版社，1987—2003年。

3. ［日］铃木敬编：《中国绘画总合图录》，东京大学出版会，1982年。

4. ［日］户田祯祐、小川裕充编：《中国绘画总合图录》续编，东京大学出版会，1998年。

史料

1. 张岱：《琅嬛文集》，路伟、马涛点校，浙江古籍出版社，2016年。

谱表

1. 翦伯赞主编:《中外历史年表（校订本）》，中华书局，2008年。

2. 沈起炜编著:《中国历史大事年表·古代卷》，上海辞书出版社，2001年。

3. 朱保炯、谢沛霖编:《明清进士题名碑录索引》，上海古籍出版社，1980年。

4. 郑威编著:《董其昌年谱》，上海书画出版社，1989年。

5. 佘德余:《张岱年谱简编》，《绍兴师专学报》，1994年第3期。

6. 胡益民:《张岱评传》附《张岱简谱》，南京大学出版社，2002年。

7. 黄涌泉编著：《陈洪绶年谱》，人民美术出版社，1960年。

史著

1. 樊树志:《晚明史》，复旦大学出版社，2003年。

2. 顾诚:《南明史》，中国青年出版社，1997年。

3. ［加］卜正民：《纵乐的困惑：明代的商业与文化》，生活·读书·新知三联书店，2004年。

4. ［美］高居翰:《气势撼人：十七世纪中国绘画中的自然与风格》，生活·读书·新知三联书店，2009年。

5. 余辉:《蓝瑛》，“中国巨匠美术丛书”，锦绣出版公司，1996年。

6. 杨惠东:《蓝瑛》，河北教育出版社，2006年。

后　记

这本小书从接下任务到写完隔了三年，从写完到修改出版间隔了七年多，这里首先要对原来的约稿出版社——台湾石头出版社表示感谢和抱歉，由于我的原因，与该社的合作出版最终没有完成。但后面的四年多时间倒是让我有更充足的历史距离来观察蓝瑛。

我是浙江杭州人，蓝瑛是我的同乡。从南宋画院的兴盛到现代高等学府的热闹，杭州画坛的主体概念是“宋画”“南宋院体”和现代的“新浙派”，明代浙派则受到冷落，连曾被誉为“明朝第一画家”的戴进都无人理睬，更不用说被称为“浙派殿军”的蓝瑛。没有戴进和蓝瑛的杭州画坛文脉是断裂的，连本地画家和学者都选择忽视他们，这本身就是值得思考的问题。浙江省博物馆2012年举办的“明代浙派绘画珍品特展”和学术研讨会，是打破这一僵局、重修地方画坛文脉的重要开端。

写作开始时我充分体会到了蓝瑛的寂寞，但在拖延经年中也看到众多同行为研究和宣传蓝瑛所做的努力和取得的成果，如李凯先生的个案研究，以及浙江省博物馆筹办的“湖上有奇峰——蓝瑛作品及师承影响特展”及学术研讨会。在这个过程中我体会到中国历史的传统研究方法仍然具有生命力和创新的可能性，当作品材料被仔细地放置到它诞生的情境中，它会告诉我们很多事情。我试图对蓝瑛的地位困境作出解释，最后起作用的还是阶级分析法，只是它被放在艺术社会学的篮筐里，显得不那么生硬和突兀。

虽然我关于蓝瑛的一些个人看法已经改写成论文陆续发表，但这本小书今天仍有机会面世，使我的思考得以更加完整和有机地呈现，也会使更多的读者关注蓝瑛和他的艺术，这要感谢主编余辉先生和故宫出版社赐予的机会，感谢编辑姜润青女士的耐心与细致，感谢浙江省博物馆王小红女士提供的资料支持。

邵彦

2017年12月18日